LA CONDITION
DES
ÉTRANGERS EN FRANCE
ET LA LÉGISLATION
SUR LA NATIONALITÉ FRANÇAISE
(Lois des 26 Juin 1889, 22 Juillet et 8 août 1893)

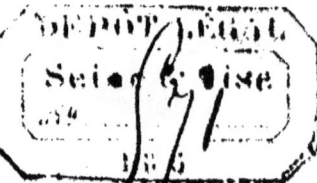

TRAITÉ PRATIQUE D'EXTRANÉITÉ
À L'USAGE DES PRÉFECTURES,
SOUS-PRÉFECTURES, MAIRIES, AMBASSADES, CONSULATS,
TRIBUNAUX CIVILS, JUSTICES DE PAIX,
ET DES ÉTRANGERS VOYAGEANT OU EXERÇANT EN FRANCE UNE PROFESSION,
UN COMMERCE OU UNE INDUSTRIE

Par A. ANDREANI
Chef de division à la Préfecture des Alpes-Maritimes

PARIS
LIBRAIRIE GUILLAUMIN ET Cie
Éditeurs de la Collection des principaux Économistes, du Journal des Économistes
du Dictionnaire de l'Économie politique
du Dictionnaire universel du Commerce et de la Navigation.
RUE RICHELIEU, 14

1896

LA CONDITION
DES
ÉTRANGERS EN FRANCE
ET LA LÉGISLATION
SUR LA NATIONALITÉ FRANÇAISE

OUVRAGES DU MÊME AUTEUR

Guide pratique de l'administration française. — État — Département — Commune — Associations — Nationalités — Agriculture — Commerce — Industrie — Enseignement — Lettres — Sciences et Arts — Finances — Justice — Cultes — Travaux — Armée — Marine — Colonies — Jurisprudence — Politique — Diplomatie — Préséances — etc. 1 fort vol. in-8. Prix. . . . . 15 fr. »

Traité pratique du Recrutement et de l'Administration de l'armée. Formation des classes — Tableaux de recensement — Tirage au sort — Conseil de révision — Exemptions — Dispenses — Ajournements — Engagements volontaires — Services auxiliaires — Sociétés de tir, etc., etc. Prix . . . . 4 fr. »

Les Écoles françaises (civiles, militaires et maritimes). Considérations générales — Admissions — Examens — Programmes — Études — Titres — Diplômes — Bourses — Trousseaux — Service militaire — Dispenses, etc. Prix. . . . . 5 fr. »

Guide pratique des réservistes et territoriaux (officiers, sous-officiers et soldats). Organisation — Administration — Appels — Ajournements — Dispenses — Cadres — Instruction — Programmes — Examens — Stages — Taxe militaire — Manœuvres — Mobilisation — Réquisitions — Douaniers — Chasseurs-Forestiers — Sapeurs-Pompiers, etc. Prix. . . . . 4 fr. »

Code des honneurs et préséances (civils, militaires, maritimes et ecclésiastiques). Origine — Prérogatives — Devoirs et Rang des autorités nationales et corps constitués, etc. Prix. . . . . 3 fr. 50

LA CONDITION

DES

ÉTRANGERS EN FRANCE

ET LA LÉGISLATION

SUR LA NATIONALITÉ FRANÇAISE

(Lois des 26 Juin 1889, 22 Juillet et 8 août 1893)

TRAITÉ PRATIQUE D'EXTRANÉITÉ

A L'USAGE DES PRÉFECTURES,
SOUS-PRÉFECTURES, MAIRIES, AMBASSADES, CONSULATS,
TRIBUNAUX CIVILS, JUSTICES DE PAIX,
ET DES ÉTRANGERS VOYAGEANT EN FRANCE OU Y EXERÇANT UNE PROFESSION,
UN COMMERCE OU UNE INDUSTRIE.

Par A. ANDREANI

Chef de division à la Préfecture des Alpes-Maritimes

PARIS
LIBRAIRIE GUILLAUMIN ET Cie
Éditeurs de la Collection des principaux économistes, du Journal des Économistes
du Dictionnaire de l'Économie politique
du Dictionnaire universel du Commerce et de la Navigation.
RUE RICHELIEU, 14

1896

LA CONDITION DES ÉTRANGERS EN FRANCE ET LA LÉGISLATION SUR LA NATIONALITÉ FRANÇAISE

CHAPITRE I

DE LA SITUATION LÉGALE DES ÉTRANGERS EN FRANCE.

La France est hospitalière, les étrangers le savent, à n'en pas douter, si nous nous en rapportons à la statistique quinquennale.

Nous n'accuserons pas de chiffres. A quoi bon ! Nous dirons seulement qu'il n'y a pas un pays au monde où l'élément étranger soit aussi nombreux qu'en France.

Paris est un peu le rêve des étrangers de distinction, des favorisés de la naissance, de la fortune et de l'intelligence ; mais, à côté de cet attrait charmant, il y en a un autre qui ne l'est pas moins : c'est celui de la richesse nationale que la nature favorise et qui se maintient toujours à la hauteur de tous les progrès. Voilà le principal attrait — l'instinct humain réclame ici ses droits — et voilà pourquoi le nombre des étrangers augmente sans cesse. Est-ce un bien, est-ce un mal? Nous n'approfondirons pas, le pour et le contre pouvant simultanément être appréciés, bien même que notre amour-propre national en soit touché. Quant à nous, nous pensons, avec la plus entière conviction, que plus les relations de peuple à peuple sont étendues et les transactions faciles, et plus les intérêts nationaux y trouvent avantage appréciable. Quelles que soient les considérations, la sûreté nationale exceptée, et sous n'importe quel point de vue la question soit envisagée, le progrès, sous toutes ses formes, jaillit des facilités de contact; l'entraver, c'est nuire, selon nous, à l'action diffusante de son principe générateur.

Sentinelle avancée de la civilisation, pourquoi faut-il que la France commerciale et industrielle échappe à son génie? Alors que dominant de sa hauteur les adversités de l'histoire elle a, en peu d'années, reconquis son prestige, pourquoi faut-il qu'une ombre, soi-disant protectrice de son commerce et de son industrie naturels, en assombrisse l'essor? Les dispositions adoptées seront-elles de nature à améliorer le sort de nos populations ouvrières? Le travail national sera-t-il suffisamment protégé? Nous n'essayerons pas de résoudre le problème.

Quoi qu'il en soit, les Chambres, d'accord avec le gouvernement, ont jugé utile d'appliquer aux étrangers arrivant ou résidant en France, les mesures que la plupart des nations pratiquent chez elles à l'égard des étrangers. Nous avons cité la loi du 8 août 1893, dite « Protection du travail national », dont nous allons nous occuper plus particulièrement.

Déjà le Directoire, en l'an VII, avait créé la carte dite de « sûreté » dont devaient se munir les étrangers arrivant à Paris. La loi du 3 décembre 1849 donne au pouvoir exécutif et aux préfets frontières une arme puissante qu'ils peuvent manier, pour ainsi dire à leur gré, contre tout étranger qui se rend indigne de l'hospitalité qu'il reçoit en France : l'expulsion.

Le décret du 2 octobre 1888, que nous examinerons plus loin, a confirmé ce principe en imposant aux étrangers de toute nation l'obligation de souscrire une déclaration au lieu de leur résidence et toutes les fois qu'ils changeraient de domicile. Bien qu'impérative et générale, cette formalité n'était pas, dans la pratique, appliquée aux étrangers de distinction, propriétaires fonciers, rentiers, industriels ou même à de simples ouvriers qui venaient travailler temporairement en France. Ceux-ci étaient tacitement dispensés de la déclaration dans la plupart des localités, notamment dans les villes d'eaux ou de saison.

La loi du 8 août 1893, plus juste et plus rigoureuse à la fois dans ses termes, associe la sécurité publique, qui seule était l'idée dominante des dispositions antérieures, à la protection du travail national. Le problème à résoudre comporte donc deux solutions simultanées : sécurité publique et protection du travail national. L'expérience donnera la solution. En attendant les effets, qui ne tarderont pas à se manifester, salutaires ou négatifs, devra-t-on, ainsi que nous le disons plus haut, continuer à dispenser, par application du décret du 2 octobre 1888, toujours en vigueur, certains étrangers de la déclaration de résidence, ou exécuter à la lettre la loi du 8 août 1893, qui n'établit aucune distinction et qui soumet à la déclaration *tout* étranger quel qu'il soit, à l'exception, bien entendu, du personnel du corps diplomatique et consulaire, lequel bénéficie de dispositions internationales ; mais alors le décret du 2 octobre 1888, virtuellement abrogé, ne subsiste que pour imposer au Trésor une perte relativement considérable, pour nuire à la protection du travail et pour entraver l'action des agents chargés de protéger la sécurité publique ? L'examen de cette délicate question échappe à notre compétence ; nous dirons cependant qu'au point de vue pratique la loi de 1893 eût dû abroger le décret de 1888, dont l'application, sans profit pour le Trésor et nuisible à la sécurité nationale, créera des confusions préjudiciables aux effets salutaires qu'on attend de la nouvelle loi.

Ceci dit pour la forme, nous examinerons successivement le décret de 1888, la loi de 1893, et enfin nous indiquerons d'une manière sommaire, mais aussi précise que possible, les diverses formalités à remplir pour être légalement autorisé à élire domicile en France et pour obtenir la naturalisation française ou la réintégration en cette qualité.

Avant d'aborder l'examen des dispositions législatives, il est utile de bien définir la situation légale des étrangers en France qui y viennent temporairement ou qui y résident d'une manière permanente, avec ou sans esprit de retour dans leur pays. Ces étrangers peuvent être divisés en quatre catégories : 1° *résidants* non *légalement admis à domicile* en vertu d'un décret; 2° *admis à domicile* en vertu d'un décret; 3° *naturalisés Français;* 4° *réintégrés* dans la qualité de Français.

Pour bien préciser les droits dont ils jouissent ou dont ils sont privés en France, il importe d'examiner séparément chacune de ces quatre catégories :

1° *Étrangers résidants et non légalement admis à domicile en vertu d'un décret.*

Sont classés dans cette catégorie tous les étrangers qui, résidant en France depuis plus ou moins de temps, n'ont pas demandé et obtenu du gouvernement, soit la qualité de Français, soit leur admission à domicile. Tous ces étrangers, sans exception, à leur arrivée en France et chaque fois qu'ils changeront de localité, sont tenus de faire une déclaration de résidence, à Paris à la préfecture de police, à Lyon à la préfecture du Rhône, et partout ailleurs à la mairie.

Parmi ces étrangers, les uns tombent sous le coup du décret de 1888 (étrangers voyageant pour leur agrément ou leur santé) ; les autres, sous le coup de la loi de 1893 (étrangers exerçant une profession, un commerce ou une industrie). (V. *Commentaires* du décret et de la loi précités.)

Ces distinctions établies, nous dirons qu'aux termes de l'article 11 du code civil et des diverses dispositions législatives et gouvernementales, l'étranger jouira en France des mêmes droits civils que ceux qui sont ou seront accordés au Français par les traités de la nation à laquelle cet étranger appartiendra(1). Quant aux étrangers

(1) La réciprocité n'est que relative, c'est-à-dire qu'un étranger ne saurait jouir en France d'autres droits que ceux accordés à nos nationaux et non de tous ceux dont il pourrait jouir dans son pays d'origine.

qui ne sont pas favorisés de cette disposition internationale ou qui ne sont pas admis à domicile, en vertu d'un décret, ils ne bénéficient pas moins de la plupart des droits civils attribués aux nationaux, et cela sans participer aux charges imposées à ces derniers, sauf les contributions personnelle, mobilière et de patente auxquelles les étrangers sont également assujettis.

Ainsi ces étrangers ont droit de posséder (1), d'acquérir, d'aliéner, de transmettre par testament ou donation (2), de puissance paternelle et

---

(1) Art. 3 du code civil. — « Les lois de police et de sécurité obligent tous ceux qui habitent le territoire.

» Les immeubles, même ceux possédés par des étrangers, sont régis par la loi française.

» Les lois concernant l'état et la capacité des personnes régissent les Français, même résidant en pays étranger. »

Art. 11. « L'étranger jouira en France des mêmes droits civils que ceux qui sont ou seront accordés ou prononcés par les traités de la nation à laquelle cet étranger appartiendra. »

(2) Art. 912 c. c. — « On ne pourra disposer au profit d'un étranger que dans le cas où cet étranger pourrait disposer au profit d'un Français. »

Sous l'empire de l'ancienne législation, les étrangers pouvaient, comme aujourd'hui, posséder des biens meubles, immeubles, aliéner, acquérir, citer en justice, etc.; mais ils ne pouvaient ni transmettre, ni recevoir des biens situés sur le territoire français par testament ou par succession

maritale, d'association (1), liberté de conscience, de la presse (2), de faire le commerce, d'exercer une profession, une industrie, de prendre des brevets d'invention (3), d'élever leurs enfants dans nos écoles, d'actionner des étrangers devant nos tribunaux par application de l'article 14 du code civil (4), d'exiger caution alors qu'ils ne sont pas

ab intestat, par le seul fait que tout en y jouissant des droits naturels ils n'y jouissaient pas des droits civils. Ces biens, meubles et immeubles revenaient à la couronne sous le titre de droit d'*aubaine*. La Révolution remplaça le droit d'aubaine par celui de *détraction* qui fut lui-même aboli par la Constituante, laquelle, par décret du 8 avril 1791, conféra aux étrangers établis ou non en France le droit de recevoir et de transmettre des biens situés sur le territoire français.

(1) Les étrangers, bien qu'admis comme membres dans les associations diverses libres, autorisées ou approuvées et syndicats professionnels, ne peuvent faire partie du bureau de l'association ou du syndicat. Tous les membres doivent posséder la qualité de Français.

D'autre part, les associations autorisées au titre étranger ne sont pas admises aux adjudications des travaux communaux, départementaux et nationaux dans les conditions prévues par le décret du 4 juin 1888 et la loi du 29 juillet 1893.

(2) Mais ils ne peuvent être gérants d'un journal ou écrit périodique. (Loi du 29 juillet 1881.)

(3) Loi du 5 juillet 1844.

(4) Art. 14. c. c. — « L'étranger même non résidant en France pourra être cité devant les tribunaux français, pour l'exécution des obligations par lui contractées en France avec un Français ; il pourra être traduit devant les tribunaux de France, pour les obligations par lui contractées en pays étranger envers des Français. »

tenus de la fournir, de faire des versements à la Caisse des retraites ou rentes viagères pour la vieillesse, obtenir des concessions de terres en Algérie s'ils sont en instance de naturalisation, etc., etc.

Les seuls droits dont ils soient *privés* formellement sont : les droits politiques et électoraux. Ils sont également *privés* de la faculté d'exiger d'être poursuivis devant les tribunaux de leurs pays quel que soit le cas, du bénéfice de l'article 2121 du code civil sur l'hypothèque légale, de la cession des biens (1), d'agir en justice, comme demandeurs, sans fournir de caution, sauf en matière commerciale (2).

Ils ne peuvent également pas être tuteurs, subrogés-tuteurs, membres d'un conseil de famille (3), témoins dans un acte notarié, dans

---

(1) Art. 905, c. p. — « Les étrangers ne peuvent être admis au bénéfice de cession judiciaire. »

(2) Art. 16. c. c. — « En toutes matières, autres que celles de commerce, l'étranger qui sera demandeur, sera tenu de donner cautions pour le payement des frais et dommages-intérêts résultant du procès, à moins qu'il ne possède en France des immeubles d'une valeur suffisante pour assurer ce payement. »

(3) Ne peuvent exercer les fonctions de tuteur, subrogé-tuteur ou faire partie d'un conseil de famille que les étran-

un testament; toutefois, rien ne s'oppose à ce qu'ils assistent comme témoins dans les actes de l'état civil (mariage, naissance, reconnaissance, décès, etc.); ils ne peuvent ni enseigner dans un établissement public, ni exercer aucune fonction publique (administrative, judiciaire, ecclésiastique, etc.), ni aucune profession libérale (avocat, avoué, huissier, etc.), ni être admis aux examens pour être nommés capitaines au long cours ou maîtres au cabotage, ni faire partie du bureau d'une association quelconque autorisée au titre français (1), ni servir dans l'armée régulière, etc., mais ils sont admis à l'exercice de la médecine s'ils sont munis d'un diplôme français ou s'ils sont autorisés par le gouvernement. Enfin, les étrangers malades privés de ressources bénéficient de la médecine gratuite dans les mêmes conditions que les nationaux, toutes les fois que le gouvernement aura passé un traité d'assistance réciproque avec

gers admis à domicile en France par décret et sous la condition expresse qu'ils seront unis aux mineurs par un lien de parenté (père, mère ou ascendants).

(1) Mais ils peuvent, comme membres, faire partie des sociétés de secours mutuels et de syndicats professionnels.

la nation d'origine (Loi du 15 juillet 1893).

2° Les *étrangers admis à domicile en France par décret*, jouissent de tous les droits civils, privilèges (1) et avantages attribués aux nationaux, sauf les deux exceptions suivantes : ils ne peuvent exercer aucun des droits politiques et électoraux, ni être incorporés dans l'armée régulière.

Le gouvernement peut toujours, par une simple décision basée sur des motifs sérieux, les priver de la jouissance des droits civils et même prononcer leur expulsion du territoire français. Mais cette dernière mesure cessera de plein droit si, dans le délai de deux mois, le gouvernement n'a pas rapporté la décision qui autorisait ces étrangers à résider en France.

3° et 4° Les *naturalisés* et *réintégrés* jouissent *ipso facto* de tous les droits, civils et politiques, charges et privilèges attachés à la qualité de citoyen français ; ils peuvent être appelés à

(1) Art. 13 du code civil. — « L'étranger qui aurait été admis par l'autorisation de l'empereur à établir son domicile en France, y jouira de tous les droits civils, tant qu'il continuera d'y résider. »

toutes les fonctions publiques, sauf celles d'évêque (loi du 18 germinal an X); d'autre part, bien qu'électeurs, les naturalisés ne sont éligibles aux assemblées législatives que dix ans après le décret de naturalisation, à moins qu'une loi spéciale n'abrège ce délai, qui peut être réduit à une année. Mais ces deux dernières interdictions ne s'appliquent pas aux réintégrés qui, à notre avis, sont immédiatement éligibles aux fonctions électives et peuvent être nommés évêques. Les uns et les autres sont inscrits sur les contrôles du recrutement, prennent part au tirage au sort, mais ils ne sont assujettis qu'aux obligations militaires des hommes de la classe à laquelle ils appartiennent par leur âge.

Ainsi, par exemple, un naturalisé ou réintégré qui aura vingt-quatre ans, tirera au sort et ne sera soumis qu'aux obligations imposées aux hommes de la réserve de l'armée active; celui qui sera inscrit après l'âge de trente-trois ans fera partie de l'armée territoriale et ne sera soumis qu'aux obligations imposées aux territoriaux, ainsi de suite (V. *Service militaire*).

Des actes d'état civil des étrangers en France. — *Mariages.* — *Naissances.* — *Adoptions.* — *Divorce.* — *Décès.* — Il est de droit international que tout acte de l'état civil dressé dans les formes usitées dans le pays qui le reçoit est valable dans le pays d'origine de l'intéressé.

Les actes de mariage des étrangers qui justifient des conditions légales, sont reçus, là notamment où il n'existe pas de consul, dans les mêmes conditions que ceux de nos nationaux. L'homme est habile à contracter mariage à dix-huit ans révolus, la femme à quinze ans. Lorsqu'il y a prohibition (1), les futurs époux doivent justifier au préalable de la double dispense du gouvernement français et du gouvernement de leur pays. Les pièces à fournir sont :

1° Actes de naissance des futurs époux, ou actes de notoriété ;

2° Actes de décès des père et mère, s'il y a lieu ;

3° Consentement des parents, ou, s'il y a eu

---

(1) Le mariage est prohibé entre le frère et la sœur légitime ou naturels et les alliés au même degré, entre l'oncle et la nièce, la tante et le neveu.

des actes respectueux, la justification de ces actes ;

4° Certificat de publication en France et dans le pays d'origine ;

5° Justification du service militaire dans le pays d'origine.

A ces pièces, l'officier de l'état civil pourra exiger la production de l'extrait d'immatriculation attestant que ces étrangers ont accompli les formalités de déclaration de résidence prévues soit par le décret du 2 octobre 1888, soit par la loi du 8 août 1893.

En ce qui concerne les déserteurs et insoumis étrangers, qui ne peuvent obtenir que des publications soient faites dans leur pays, nos officiers de l'état civil peuvent, s'il leur est justifié des démarches inutilement faites, procéder à la célébration du mariage ; ainsi célébré, le mariage est valable, le défaut de publication dans le pays d'origine ne constituant pas un empêchement dirimant. Nous engageons toutefois les maires, lorsqu'ils se trouvent en présence de cas semblables, à consulter, préalablement à la cérémonie du mariage, le préfet du département ou le chef du parquet du tribunal du ressort.

Tous les autres actes de l'état civil, naissances (1), adoptions, décès ou divorce, sont reçus, annotés ou enregistrés dans les mêmes conditions que ceux des nationaux. Les déclarations de naissance devront être effectuées dans les trois jours et les décès dans les vingt-quatre heures. (V. notre *Guide pratique de l'administration française*.)

Enfin, aux termes de l'arrêté du 22 prairial an V, et de conventions diplomatiques, le décès de tout étranger doit être immédiatement notifié par le maire au juge de paix du canton qui, après avoir apposé les scellés, en avise le consul de la puissance intéressée. Copie de cet acte est également adressée au préfet qui, après l'avoir légalisé, le fait parvenir au ministre des affaires étrangères, qui le transmet à son tour, par la voie diplomatique, à la puissance à laquelle le décédé appartenait. Il est procédé de même pour

---

(1) Les lois des 26 juin 1889 et 22 juillet 1893 accordant à tout individu né en France la faculté d'acquérir la qualité de Français à l'époque de sa majorité, nous estimons superflue la communication au gouvernement intéressé des actes de naissance, ainsi que cela se pratique actuellement.

les actes de naissance, d'adoption, etc., le tout gratuitement.

Les conventions conclues, à cet effet, entre la France et les gouvernements étrangers les plus importants ont eu lieu : avec l'Italie, le 13 janvier 1875 ; l'Espagne, le 7 janvier 1862 ; le grand-duché de Luxembourg, le 14 juin 1875 ; la Belgique, le 25 août 1876 ; la principauté de Monaco, le 30 mai 1881, etc.

Expulsion. — Extradition des étrangers. — Nous indiquons plus loin, dans les commentaires du décret du 2 octobre 1888 et de la loi du 8 août 1893, auxquels le lecteur se reportera, les conditions d'expulsion des étrangers.

En ce qui concerne l'extradition, qui n'est pas réglementée chez nous par une loi, comme dans beaucoup de pays et, notamment, en Belgique, elle se pratique suivant des formes administratives édictées par les instructions ministérielles (Circ. des 5 avril 1841, 12 octobre 1875 et 21 août 1894), qui donnent souvent lieu à de graves inconvénients que nous n'examinerons pas ici.

En fait, les gouvernements, dans un intérêt d'ordre social, s'entendent pour se livrer réciproquement les individus coupables de certains crimes ou délits spécifiés par des traités conclus (1) entre eux. L'extradition est toujours accordée, alors même que l'État qui réclame le coupable n'aurait pas de traité conclu avec la France ; *elle n'est jamais accordée, par contre, pour « crimes ou délits politiques ou pour désertion ou insoumission à la loi du recrutement ».* Tous les frais restent à la charge du gouvernement qui l'a provoquée. Il nous paraît utile de résumer succinctement la procédure à suivre, sauf à se reporter à notre *Guide de l'administration française* pour plus amples renseignements, savoir : La demande d'extradition d'un gouvernement étranger adressée aux Affaires étrangères, est examinée au Ministère de la justice

(1) Il existe des traités entre la France et les gouvernements suivants : avec l'Angleterre, 18 mars 1843 et 14 août 1876; l'Autriche, 2 février 1856 et 13 novembre 1865 ; la Belgique, 19 décembre 1834 et 15 août 1874; le Chili, 15 mai 1860; l'Espagne, 11 mai 1851 et 14 décembre 1877; États-Unis d'Amérique, 11 juin 1845; Italie, 16 décembre 1838, 29 juin 1862, 12 mai et 29 juin 1870; Principauté de Monaco, 9 novembre 1865 et 8 juillet 1876; les Pays-Bas, 29 janvier 1844; Portugal, 11 novembre 1754; Prusse, 30 avril 1845; Suède, 17 mars 1856; Suisse, 9 juillet 1869; Danemark, 18 mars 1877; Nouvelle-Grenade, 9 avril 1850; Pérou, 30 septembre 1874; Venezuela, 26 mai 1856.

qui, si elle est reconnue fondée, la transmet à son collègue de l'intérieur avec le mandat d'arrêt ou le jugement de condamnation, ainsi que toutes les autres pièces jointes à la demande du gouvernement étranger. Le Ministre de l'intérieur prescrit au préfet de la résidence présumée les mesures nécessaires pour l'arrestation de l'étranger recherché. L'individu est conduit immédiatement devant le chef du parquet de l'arrondissement où l'arrestation a eu lieu et auquel le préfet adresse le dossier. Ce magistrat procède à l'interrogatoire, dresse procès-verbal qu'il envoie au préfet. Sur le vu de l'interrogatoire relatant que l'individu consent à être livré à son pays sans attendre les formalités diplomatiques, le Ministre de l'intérieur fait assurer, par les voitures cellulaires, le transport de l'étranger à la frontière la plus proche de son pays. Si, au contraire, l'individu refuse d'être livré à son pays sans l'accomplissement des formalités diplomatiques, le préfet en avise le Ministre de l'intérieur, et le chef du parquet adresse alors le dossier au procureur général de la Cour d'appel qui le transmet avec ses propositions au Ministre de la justice, lequel provoque, s'il y a lieu, un décret d'extradition (1).

LISTE ET SIÈGE DES AMBASSADES, LÉGATIONS, NONCIATURE ET CONSULATS DES PUISSANCES ÉTRANGÈRES EN FRANCE.

Les puissances étrangères sont représentées à Paris, soit par une ambassade, une légation, nonciature ou consulat.

Par une *ambassade :* l'Allemagne, l'Angleterre, la République Argentine, l'Autriche-Hongrie, la Belgique, la Bolivie, le Brésil, le Chili, la Chine, la Colombie, le Danemark, l'Espagne, les États-Unis, la Grèce, le Guatémala, Haïti, la Hollande, l'Italie, le Japon, le Mexique, Monaco, Nicaragua, la Perse, le Portugal, la République Dominicaine, la Roumanie, la Russie, Saint-Marin, la Serbie, le Siam, Suède-Norvége, la

---

(1) ART. 7 du c. i. c. « Tout étranger qui, hors du territoire de France, se rendra coupable, soit comme auteur, soit comme complice, d'un crime attentatoire à la sûreté de l'État, ou de contrefaçon du sceau de l'État, de monnaies nationales ayant cours, de papiers nationaux, de billets de banque autorisés par la loi, pourra être poursuivi et jugé d'après les dispositions des lois françaises, s'il est arrêté en France ou si le gouvernement obtient son extradition. »

Suisse, la Turquie, l'Uruguay, le Vénézuéla.

Par une *légation* : la Bavière, le Pérou.

Par *nonciature* : le Saint-Siège.

Par un *consulat* : Costa-Rica, Équateur, royaume d'Hawaïen, Honduras, République de Libéria, Luxembourg, République d'Orange, Paraguay, Salvador.

Ces diverses puissances ont, en outre, en France, des consulats ou des agents consulaires dans les villes ci-après :

Allemagne : Bordeaux, Boulogne, Calais, Dieppe, Dunkerque, Le Havre, Marseille, Nantes, Nice, Paris, Port-de-Bouc, Rochelle (la), Rouen, Saint-Martin-de-Ré, Saint-Nazaire.

Colonies : Alger, le Gabon, Nouméa, Rufisque, Saïgon, Taïti.

Angleterre : Ajaccio, Arcachon, Bastia, Bayonne, Biarritz, Brest, Bordeaux, Boulogne, Caen, Calais, Calvi, Cannes, Cherbourg, le Croisic, Cette, Dieppe, Dunkerque, Fécamp, Havre, Honfleur, Lorient, Lyon, Le Mans, Marseille, Menton, Nice, Nantes, Paris, Pau, Rochelle (la), Sables-d'Olonne, Saint-Malo, Tonnay-Charente, Toulon, Trouville.

Colonies : Alger, Beni-Saf, Bône, Dakar (Sénégal), Martinique, Nouvelle-Calédonie, Pointe-à-Pitre, La Réunion, Saïgon, Taïti.

République Argentine : Bayonne, Bordeaux, Boulogne, Calais, Cannes, Cette, Dunkerque, Le Havre, Lille, Libourne, Limoges, Marseille, Montpellier, Nantes, Nice, Oloron, Paris, Pau, Tarbes, Toulouse, Tourcoing, Roubaix, Rouen.

Colonies : Alger, Bône, Oran, Philippeville.

Autriche-Hongrie : Ajaccio, Bayonne, Bordeaux, Boulogne, Brest, Caen, Calais, Cannes, Cette, Cherbourg, Dieppe, Dunkerque, Fécamp, Honfleur, Le Havre, Lorient, Lyon, Marseille, Menton, Nantes, Nice, Paris, Port-de-Bouc, Port-Vendres, Rochelle (la), Rouen, Saint-Malo, Saint-Valery-en-Caux, Saint-Valery-sur-Somme.

Colonies : Alger, Bône, Bougie, Mostaganem, Philippeville, Oran, Saïgon.

Belgique : Angers, Bastia, Bayonne, Bordeaux, Boulogne, Brest, Calais, Cannes, Cette, Cherbourg, Dunkerque, Le Havre, Libourne, Lille, Lorient, Lyon, Marseille, Maubeuge, Marmande, Nancy, Nantes, Nice, Noirmoutiers, Rochelle (la), Roubaix, Rouen, Reims, Saint-Valery-sur-Somme, Saint-Nazaire, Saint-Quentin, Tourcoing, Toulon, Valenciennes.

Colonies : Alger, Bône, Gorée, La Réunion, Oran, Pointe-à-Pitre, Saïgon.

Bolivie : Bayonne, Bordeaux, Le Havre, Lille, Lyon, Marseille, Nantes, Nice, Paris, Reims.

Brésil : Abbeville, Bayonne, Bordeaux, Boulogne, Brest, Calais, Cette, Cherbourg, Dunkerque, Hyères, Le Havre, Lille, Lorient, Lyon, Nantes, Nice, Paris, Port-Vendres, Toulon.

Colonies : Alger, Cayenne, Oran.

Chili : Bayonne, Bordeaux, Brest, Cette, Dunkerque, Le Havre, Limoges, Lyon, Marseille, Nice, Paris, Rouen, Toulon, Taïti-Papaete.

Chine : Néant.

Colombie : Bordeaux, Le Havre, Marseille, Paris, Rochelle (la), Saint-Nazaire.

Colonies : Alger, Bône, Mostaganem, Oran, Philippeville, Port-de-France.

Costa-Rica : Bordeaux, Cherbourg, Le Havre, Marseille, Paris.

Danemark : Ajaccio, Bayonne, Bordeaux, Boulogne-sur-Mer, Brest, Caen, Calais, Cannes, Cette, Cherbourg, Croisic (le), Dieppe, Dunkerque, Étaples, Fécamp, Granville, Gravelines, Honfleur, Le Havre, Lorient, Marseille, Menton, Morlaix, Nantes, Nice, Paris, Port-Vendres, Roubaix, Rouen, Saint-Malo, Saint-Valery-sur-Somme, Saint-Valery-en-Caux, Saint-Nazaire, Toulon.

Colonies : Alger, Bône, Mostaganem, Oran, Philippeville, Papaete (Taïti), Pondichéry, Saint-Pierre (Martinique), Saïgon.

Équateur : Bordeaux, Le Havre, Marseille, Paris, Saint-Nazaire.

Espagne : Agde, Aigues-Mortes, Albi, Audierne, Arles, Bandol, Bastia, Bayonne, Bordeaux, Boulogne, Béziers, Caen, Calais, Cambrai, Carcassonne, Cette, Cherbourg, Dieppe, Dunkerque, Fécamp, Foix, Granville, Honfleur, Ile d'Oleron, Le Havre, Lille, Limoges, Lesparre, Lorient, Lyon, Marseille, Montpellier, Menton, Nantes, Narbonne, Nice, Nîmes, Oloron, Paris, Prades, Perpignan, Port-Vendres, Port-de-Bouc, Rochelle (la), Rochefort, Rouen, Roubaix, Reims, Saint-Malo, Saint-Nazaire, Saint-Jean-de-Luz, Saint-Valery-sur-Somme, Saint-Étienne, Simorre, Toulouse, Toulon, Troyes, Vichy.

Colonies : Alger, Arzew, Bône, Constantine, Gorée, Cherchell, Mostaganem, Nemours, Oran, Philippeville, Port-de-France, Tenez.

États-Unis d'Amérique : Angers, Bastia, Bordeaux, Boulogne, Brest, Calais, Cannes, Caudry, Cognac, Cette, Cherbourg, Dieppe, Dunkerque, Grenoble, Honfleur, Le Havre, Lille, Limoges, Lorient, Lyon, Marseille, Menton, Nantes, Nice, Paris, Pau, Périgueux, Rouen, Roubaix, Reims, Rennes, Saint-Malo, Saint-Étienne, Toulon, Troyes.

Colonies : Alger, Bône, Cayenne, Dakar, Fort-de-France, Gabon, Gorée, La Guadeloupe, Oran, Philippeville, Nouméa, Saïgon, Saint-Barthélemy, Saint-Denis (Réunion), Saint-Pierre et Miquelon, Saint-Louis, Taïti.

Grèce : Amiens, Agde, Bastia, Bayonne, Bordeaux, Boulogne, Brest, Calais, Cannes, Cette, Cherbourg, Dieppe, Dunkerque, Le Havre, Lyon, Marseille, Montpellier, Nantes, Nice, Paris, Rouen, Saint-Nazaire, Toulon, Versailles.

Colonies : Alger, Bône, Bougie, Mostaganem, Oran, Philippeville, Saint-Louis (Sénégal).

Guatemala : Arcachon, Bayonne, Bordeaux, Le Havre, Marseille, Saint-Nazaire.

Haïti : Bordeaux, Le Havre, Marseille, Nantes, Nice, Paris, Rouen, Saint-Nazaire.

Colonies : Alger, Bône, Mostaganem, Oran, Philippeville.

Hawaïen : Bordeaux, Cette, Grenoble, Le Havre, Marseille, Paris, Rouen, Taïti.

Hollande (Pays-Bas) : Abbeville, Audierne, Bastia, Bayonne, Bordeaux, Boulogne, Brest, Caen, Calais, Cannes, Cette, Cherbourg, Dieppe, Dunkerque, Étaples, La Flotte (île de Ré), Le Havre, Lille, Libourne, Marseille, Menton, Marans, Nice, Noirmoutiers (île de), Oleron (île d'), Paris, Pau, Roubaix, Rouen, Rochefort, Royan, Saint-Malo, Saint-Nazaire, Saint-Valery-sur-Somme, Tremblade (la), Toulon.

Colonies : Alger, Bône, Fort-de-France, Mostaganem, Oran, Philippeville, Pointe-à-Pitre, Guinée (Basse), Saïgon, Saint-Pierre (Martinique).

Pérou : Bayonne, Bordeaux, Cherbourg, Dunkerque, Le Havre, Lyon, Marseille, Menton, Nantes, Nice, Paris, Rochelle (la).

Colonies : Bône, Oran, Philippeville.

Perse: Bayonne, Bordeaux, Lille, Lyon, Marseille, Nice, Paris, Roubaix.

Portugal: Arcachon, Bastia, Bayonne, Blaye, Bordeaux, Boulogne, Brest, Calais, Carcassonne, Cette, Cherbourg, Dieppe, Dunkerque, Granville, Fécamp, Honfleur, Le Havre, Lille, Limoges, Libourne, Lorient, Lyon, Marseille, Nantes, Nice, Paris, Pauillac, Perpignan, Port-Vendres, Rochelle (la), Rouen, Saint-Malo, Saint-Valery-sur-Somme, Saint-Étienne, Toulouse, Toulon, Vichy.

Colonies : Alger, Bône, Gorée, Mayotte, Nemours, Nossi-Bé, Oran, Saint-Denis (Réunion), Saïgon.

République Dominicaine : Bordeaux, Cette, Le Havre, Marseille, Nice, Saint-Nazaire, La Martinique.

Roumanie: Bordeaux, Marseille, Menton, Nice.

Russie : Alger, Bayonne, Bordeaux, Boulogne, Brest, Calais, Cette, Cherbourg, Dieppe, Dunkerque, Hyères, Le Havre, Lyon, Marseille, Nantes, Nice, Oran, Paris, Rouen, Rochefort, Saint-Valery-sur-Somme, Toulon, Villefranche, Vichy.

Saint-Marin : Marseille, Nice, Paris, Rouen.

Salvador : Bayonne, Bordeaux, Le Havre, Lyon, Marseille, Paris, Rouen, Saint-Nazaire.

Serbie : Bordeaux, Marseille, Paris.

Siam : Bordeaux, Paris, Saïgon.

Suède-Norvége : Abbeville, Agde, Ajaccio, Bastia, Bayonne, Bordeaux, Boulogne, Bouc, Brest, Caen, Calais, Cannes, Concarneau, Ciotat (la), Cette, Cherbourg, Dieppe, Douarnenez, Dunkerque, Fécamp, Granville, Gravelines, Havre, Honfleur, Hyères, Isigny, Lannion, Landerneau, Libourne, Lorient, Marseille, Marans, Morlaix, Menton, Nantes, Nice, Paris, Paimbœuf, Pontrieux, Port-Vendres, Quimper, Rochelle (la), Rochefort, Rouen, Saint-Malo, Saint-Nazaire, Sables-d'Olonne, Saint-Valery-sur-Somme, Saint-Valery-en-Caux, Saint-Brieuc, Saint-Hilaire (Ile d'Oleron), Saint-Martin-de-Ré, Saint-Raphaël, Tonnay-Charente, Toulon, Trouville, Tréport (le).

Colonies : Alger, Bône, Bougie, Philippeville, Goulette (la), Guadeloupe (la), Gustavia, Moule (le), Oran, Saint-Pierre (Martinique), Pointe-à-Pitre, Susa, Taïti.

Suisse : Alger, Bayonne, Bordeaux, Besançon,

Cannes, Le Havre, Lyon, Marseille, Nantes, Nancy, Nice, Oran, Philippeville.

Turquie : Bastia, Bayonne, Bordeaux, Boulogne, Brest, Cette, Dunkerque, Le Havre, Libourne, Lyon, Marseille, Nantes, Nice, Rouen, Toulon.

Uruguay : Bayonne, Bordeaux, Calais, Chambéry, Cette, Dunkerque, Le Havre, Lille, Marseille, Nantes, Nice, Oleron, Paris, Toulon, Oran.

Venezuela : Angoulême, Bastia, Bayonne, Bordeaux, Boulogne, Cette, Cherbourg, Le Havre, Lyon, Paris, Marseille, Nantes, Nice, Rochefort, Rouen, Saint-Nazaire, Toulon, Toulouse, Vichy.

Colonies : Alger, Port-de-France, Pointe-à-Pitre, Saint-Pierre (Martinique).

CHAPITRE II

ÉTRANGERS VOYAGEANT OU RÉSIDANT EN FRANCE POUR LEUR AGRÉMENT OU POUR Y EXERCER UNE PROFESSION, UN COMMERCE OU UNE INDUSTRIE.

1er. — Étrangers voyageant ou résidant en France pour leur agrément.

Décret du 2 octobre 1888, relatif aux Étrangers résidant en France.

ART. 1er. — Tout étranger non admis à domicile qui se proposera d'établir sa résidence en France devra, dans le délai de quinze jours à partir de son arrivée, faire à la mairie de la commune où il voudra fixer cette résidence une déclaration énonçant :

1° Ses nom et prénoms, ceux de ses père et mère ;

2° Sa nationalité ;

3° Le lieu et la date de sa naissance ;

DÉCLARATION DE RÉSIDENCE (DÉCRET DU 2 OCTOBRE 1888). 31

4° Le lieu de son dernier domicile ;

5° Sa profession ou ses moyens d'existence ;

6° Le nom, l'âge et la nationalité de sa femme et de ses enfants mineurs, lorsqu'il sera accompagné par eux.

Il devra produire toutes pièces justificatives à l'appui de sa déclaration. S'il n'est pas porteur de ces pièces, le maire pourra, avec l'approbation du préfet du département, lui accorder un délai pour se les procurer.

Un récépissé de sa déclaration sera délivré gratuitement à l'intéressé.

ART. 2. — Les déclarations seront faites à Paris, au préfet de police, et à Lyon, au préfet du Rhône.

ART. 3. — En cas de changement de domicile, une nouvelle déclaration sera faite devant le maire de la commune où l'étranger aura fixé sa nouvelle résidence.

ART. 4. — Il est accordé aux étrangers résidant actuellement en France et non admis à domicile un délai d'un mois, pour se conformer aux prescriptions qui précèdent.

ART. 5. — Les infractions aux formalités

édictées par le présent décret seront punies des peines de simple police, sans préjudice du droit d'expulsion qui appartient au ministre de l'intérieur, en vertu de la loi du 3 décembre 1849, article 7.

Art. 6. — Le président du conseil, ministre de l'intérieur, est chargé de l'exécution du présent décret.

Commentaires.

Art. 1ᵉʳ. — Tout étranger non admis à domicile qui se proposera d'établir sa résidence en France devra, dans le délai de quinze jours à partir de son arrivée, faire à la mairie de la commune où il voudra fixer cette résidence une déclaration énonçant :

1° Ses nom et prénoms, ceux de ses père et mère ;
2° Sa nationalité ;
3° Le lieu et la date de sa naissance ;
4° Le lieu de son dernier domicile ;
5° Sa profession ou ses moyens d'existence ;
6° Le nom, l'âge et la nationalité de sa femme et de ses enfants mineurs, lorsqu'il sera accompagné par eux.

Il devra produire toutes pièces justificatives à l'appui de sa déclaration. S'il n'est pas porteur de ces pièces, le maire pourra, avec l'approbation du préfet du département, lui accorder un délai pour se les procurer.

Un récépissé de sa déclaration sera délivré gratuitement à l'intéressé.

Alors que les assujettis à la loi du 8 août 1893 sont tenus de faire leur déclaration à la mairie dans les huit jours de leur arrivée en France, le décret du 2 octobre 1888 accorde à une certaine catégorie d'étrangers un délai de quinze jours. Il y a donc lieu tout d'abord de bien préciser la catégorie d'étrangers auxquels les dispositions du décret précité sont applicables.

D'une manière générale, sont considérés comme soumis à la déclaration de résidence, les étrangers de toute nation, les agents diplomatiques et consulaires exceptés (1), qui arrivent en France pour un motif quelconque. Mais, comme les effets de la loi de 1893 et ceux du décret de 1888 diffèrent sur plusieurs points, nous dirons que : les prescriptions du décret de 1888 s'appliquent exclusivement aux étrangers qui

(1) Les domestiques et serviteurs des ambassades et des consulats sont assujettis à la déclaration prévue par la loi du 8 août 1893.

arrivent en France sans nulle intention d'y exercer aucune profession, commerce ou industrie. Ces étrangers devront, dans les quinze jours de leur arrivée, faire à la mairie une déclaration de résidence. Cette déclaration sera collective pour une même famille (femme, enfants). Il ne sera perçu pour l'accomplissement de cette formalité aucun droit, soit de timbre, soit d'expédition ; elle sera en un mot *gratuite*, tandis qu'elle coûtera à l'étranger assujetti à la loi de 1893, 2 fr. 10 ou 2 fr. 30, selon qu'elle sera effectuée dans une commune ayant moins ou plus de 50 000 habitants. Les pièces justificatives d'identité à produire seront les mêmes pour les deux cas (acte de naissance, passeport, etc.).

Bien que les prescriptions du décret soient formelles et sans acceptions, les autorités municipales, notamment celles des villes de saisons, dispensent tacitement de la déclaration les étrangers qui viennent temporairement pour leur agrément, leurs affaires (autres que commerce et industrie), ou leur santé. C'est une tolérance qui concilie les rigueurs de la loi avec la liberté individuelle et la prospérité publique.

D'autre part, l'étranger qui voyage pour son agrément ou sa santé, et qui séjourne moins de quinze jours dans la même commune, n'est pas strictement soumis à la déclaration de résidence prescrite par le décret, quelle que soit la durée de son séjour en France.

Mais si ces divers étrangers, quelle que soit la catégorie à laquelle ils appartiennent, venaient à exercer un commerce, une profession ou une industrie, ils tomberont *ipso facto* sous les prescriptions de la loi de 1893, et devront, sans délai, souscrire une déclaration dans les conditions déterminées par ladite loi.

Sont, bien entendu, soumises à la déclaration, les femmes nées Françaises qui ont épousé des étrangers.

Les employés, précepteurs, secrétaires, courriers, domestiques, etc., attachés au service de ces diverses catégories d'étrangers, seront soumis, sans exception, à la déclaration de résidence prévue par la loi du 8 août 1893. En aucun cas, cette déclaration ne devra être reçue par le magistrat municipal dans les conditions du décret de 1888 qui, nous le répétons, s'applique exclusivement aux étrangers n'exerçant ni profession, ni commerce, ni industrie.

Les assujettis au décret de 1888 doivent, toutes les fois qu'ils changent de résidence, renouveler leur déclaration à la mairie de leur nouvelle résidence, et toujours gratuitement, sur la présentation du récépissé qu'ils avaient obtenu au point de départ. Le maire de cette dernière commune aura soin de retenir ce récépissé qu'il annotera au travers de la mention suivante :

A fait une nouvelle déclaration de résidence (Circ. du 24 octobre 1889), le........ 18... dans la commune de..... département de.....

Il transmettra ce récépissé, dans les délais prescrits (du 1er au 5 de chaque mois), au préfet, qui le fera parvenir au maire de la première résidence.

Récépissé de sa nouvelle déclaration sera délivré à l'étranger par le maire, *sans aucune annotation*. Nous soulignons intentionnellement, « sans aucune annotation », pour bien faire ressortir combien il serait préférable, à tous égards, que le récépissé délivré à nouveau à l'étranger fût annoté de tous les changements successifs de résidence, ce qui n'a pas lieu actuellement. Nous appelons sur ce point l'attention des pouvoirs publics, afin de combler cette lacune dans l'intérêt de la sécurité publique.

Art. 2. — Les déclarations seront faites, à Paris au préfet de police, et à Lyon, au préfet du Rhône.

Cet article ne comporte aucun commentaire, l'article 1er spécifiant que les déclarations des étrangers seront reçues à la mairie de la commune où ils voudront fixer leur résidence. A Paris et à Lyon, par exception, ces déclarations sont reçues à la préfecture de police ou à celle du Rhône. Les délais et les pièces (1) à produire sont identiquement les mêmes pour tout le territoire français (V. art. 1er).

Art. 3. — En cas de changement de domicile, une nouvelle déclaration sera faite devant le maire de la commune où l'étranger aura fixé sa nouvelle résidence.

---

(1) Pour les pièces justificatives d'identité à produire par les étrangers, V. *Commentaires* de la loi du 8 août 1893.

Nous avons indiqué à l'article 1er que l'étranger après avoir souscrit sa déclaration à la mairie de sa première résidence en France, il lui en était délivré récépissé. L'étranger devra conserver ce récépissé, qui est la preuve non seulement de l'accomplissement par lui de la formalité imposée par le décret, mais, en outre, parce qu'il devra le présenter à la mairie de sa nouvelle résidence où il sera tenu de se rendre, dans le quinzième jour de son arrivée, pour y souscrire une nouvelle déclaration. Le maire de cette dernière commune devra retenir le récépissé primitif, l'annoter en conséquence, et le transmettre au Préfet dans le délai imparti (V. *Commentaire* de l'art. 1er, dernier alinéa).

Art. 4. — Il est accordé aux étrangers résidant actuellement en France et non admis à domicile un délai d'un mois pour se conformer aux prescriptions qui précèdent.

Le délai accordé aux étrangers qui se trouvaient en France au moment de la promulgation du décret de 1888, pour faire leur déclaration de résidence, étant expiré depuis novembre 1888, cet article est aujourd'hui sans effet. A partir de novembre 1888, les étrangers nouveaux venus sont tenus de faire leur déclaration dans les quinze jours, au plus tard, de leur arrivée dans la commune. Ils devront la renouveler toutes les fois qu'ils changeront de domicile.

Art. 5. — Les infractions aux formalités édictées par le présent décret seront punies des peines de simple police, sans préjudice du droit d'expulsion qui appartient au ministre de l'intérieur, en vertu de la loi du 3 décembre 1849, art. 7 (1).

(1) *Loi du 3 décembre 1849.* — *Art. 7.* — « Le ministre de l'intérieur pourra, par mesure de police, enjoindre à tout étranger voyageant ou résidant en France, de sortir immédiatement du territoire français, et le faire conduire à la frontière. Il aura le même droit à l'égard de l'étranger qui aura obtenu l'autorisation d'établir son domicile en France ; mais, après un délai de deux mois, la mesure cessera d'avoir effet, si l'autorisation n'a pas été révoquée. Dans les départements frontières, le préfet aura le même droit à l'égard de l'étranger non résidant, à la charge d'en référer immédiatement au ministre de l'intérieur. »

Art. 8. — « Tout étranger qui se serait soustrait à l'exécution des mesures énoncées dans l'article précédent ou dans l'article 272 du code pénal, ou qui, après être sorti de France par suite de ces mesures, y serait rentré sans la permission du gouvernement, sera traduit devant les tribunaux et condamné à un emprisonnement d'un mois à six mois. — Après l'expiration de sa peine il sera conduit à la frontière.

» Ces peines pourront être réduites conformément aux dispositions de l'article 463 du code pénal. » (V. *Application* de la loi du 8 août 1893, art. 3.)

Les peines dont sont passibles les réfractaires à la loi de 1893 (V. *Commentaire* de cette loi), ressortent aux tribunaux civils, tandis que les assujettis au décret de 1888, qui nous occupent ici, sont seulement passibles des peines de simple police (1). Mais l'administration conserve toujours envers les étrangers qui auraient fait une fausse déclaration, ou dont l'attitude et la conduite laisseraient à désirer au point de vue national ou de la sécurité publique, la faculté de leur enjoindre de quitter le territoire français, en vertu de la loi de 1849, et au besoin de les écrouer par mesure administrative. (V. *Commentaire* de la loi du 8 août 1893, art. 3.)

D'autre part, les juges de paix restent seuls maîtres d'apprécier, d'après leur conscience, si les renseignements qui leur sont soumis sont recevables. D'après un arrêt de la cour de cassation du 4 août 1893, les poursuites ne peuvent être exercées à l'égard de l'étranger passible du décret du 2 octobre 1888 qu'après l'expiration

---

(1) L'amende est de 1 à 5 francs (art. 471 du code pénal). En cas de récidive, la peine de l'emprisonnement est prononcée de un à trois jours au plus (art. 474 du code pénal).

de délai de quinze jours dans la même commune, sans tenir compte de tout autre séjour antérieur dans une autre commune. D'où il suit qu'un étranger pourra résider successivement dans plusieurs communes pendant quatorze jours, par exemple, sans être tenu de faire sa déclaration, ce qui n'est pas notre avis. En effet, la loi du 8 août 1893 implique une tout autre interprétation : elle soumet à l'obligation de la déclaration dès l'expiration de huit jours *sur le territoire français*, que ce séjour s'effectue ou non partiellement dans deux ou plusieurs communes. Enfin, les individus nés en France d'un père étranger et d'une mère née Française, ne sont soumis à la déclaration de résidence qu'après leur répudiation de leur qualité de Français à l'époque de leur majorité.

Nota. — Les dispositions qui précèdent ont été rendues exécutoires en Algérie par décret du 21 juin 1890 (1).

(1) Tout étranger arrivant en Algérie devra, dans un délai de trois jours, à partir de son arrivée, faire à la mairie de la commune où il séjournera sa déclaration de résidence, dans les mêmes conditions et en produisant les mêmes pièces d'identité que dans la métropole. Toutefois, pour les

Devoirs des maires pour l'application du décret de 1888.

Nous indiquerons au paragraphe suivant les formalités à remplir par le maire lors de changements de résidence des étrangers, ainsi que les obligations qui incombent à ces derniers. Il nous semble utile de relater ici les devoirs du maire envers les assujettis et envers l'autorité supérieure.

Ce magistrat municipal ne perdra pas de vue, qu'alors que la loi de 1893 nécessite une déclaration individuelle, le décret de 1888 admet la déclaration collective pour une même famille composée du père, de la femme et des enfants, et qu'il sera délivré gratuitement un seul récépissé au chef de la famille.

Il devra être tenu à cet effet :

1° Un registre à souche (modèle n° 1) sur lequel seront inscrites par ordre de date toutes les déclarations reçues ;

étrangers venant hiverner en Algérie la déclaration sera faite sur leur compte par les aubergistes, hôteliers, logeurs ou loueurs de maisons garnies. Ces dispositions ne sont pas applicables aux indigents musulmans arrivant par les frontières de terre et munis de permis réguliers.

DÉCLARATION DE RÉSIDENCE (DÉCRET DU 2 OCTOBRE 1888). 43

2° Il sera délivré gratuitement récépissé de la déclaration (1);

3° Le maire adressera mensuellement, du 1er au 5 de chaque mois, à la préfecture ou à la sous-préfecture : 1° un état nominatif (2) *et par nationalité* (modèle n° 2) des étrangers qui ont souscrit la déclaration de résidence; 2° un état nominatif des étrangers (modèle n° 3) qui ont quitté la commune ou sont décédés pendant le mois précédent; 3° un relevé nominatif des contrevenants au décret avec l'indication de la condamnation encourue (état C.) (Circ. du 13 mai 1890).

Lorsqu'il n'y aura aucune mutation à signaler dans la commune, le maire pourra remplacer ces trois états par un seul avec la mention « Néant ».

4° Enfin, lorsque le maire délivrera à un étranger, venant d'un autre département fran-

(1) Les récépissés de déclarations délivrés aux assujettis à la loi de 1893 sont soumis à un droit de 2 fr. 10 à 2 fr. 30, selon qu'il s'agit d'une ville de moins ou de plus de 50 000 habitants. (V. *Commentaire de la loi de 1893*.)

(2) Cet état sera adressé en double au sous-préfet pour les communes autres que celles de l'arrondissement chef-lieu de département.

çais, un reçu d'une nouvelle déclaration de résidence, il aura soin de retenir, en échange, le récépissé de déclaration qui lui aura été présenté.

Le maire annotera ce récépissé de la mention : « A fait une nouvelle déclaration de résidence le... dans la commune d... département d... », et l'adressera du 1er au 5 de chaque mois au préfet qui le fera parvenir à son collègue du département où l'étranger a fait sa première déclaration. (V. circ. du 24 octobre 1889, plus loin.)

Les divers imprimés indiqués ci-dessus 1, 2, 3, étant fournis par les préfectures aux mairies, nous estimons inutile d'en donner les modèles. Les frais d'impression de ces imprimés restent à la charge des municipalités qui peuvent, par conséquent, les faire imprimer à leur compte, mais toujours d'après les modèles qui leur seront fournis par la préfecture de leur département.

Quant à la déclaration elle devra être établie d'après le modèle ci-après :

DÉCLARATION DE RÉSIDENCE (Décret du 2 octobre 1888).

Modèle de déclaration (Décret du 2 octobre 1888).

RÉPUBLIQUE FRANÇAISE.

N° ....

Département d..

Arrondissement d...

Commune d..

En exécution du décret du 2 octobre 1888,

Par-devant nous, maire de la commune de............................

s'est présenté le sieur..

Fils de..

Né à...

Nationalité...

Dernier domicile à...

Profession..

Marié à (nom, prénoms, âge et nationalité de la femme).

Enfants : 1° (nom, prénoms, sexe, âge et nationalité de chacun des enfants mineurs).

    2°..

    3°..

    4°..

Pièces justificatives (Indiquer la nature des pièces produites).

....

Lequel nous a déclaré vouloir établir (ou) avoir établi sa résidence à........................... rue........................... n°..........

département d..

Fait à........................... le........................... 18......

            Le maire,

Cachet
de la mairie.

Nous ajoutons (1) que tout agent de la force publique a le droit et le devoir de dresser procès-verbal contre tout délinquant. Une expédition du procès-verbal sera transmise au préfet, une au maire et la troisième au juge de paix.

Bien que le décret de 1888 soit muet sur l'attribution du produit des amendes, nous pensons que ce produit, par extension des dispositions de la loi de 1893, devra être désormais acquis à la caisse municipale de la commune de la résidence du délinquant.

(1) Il appartient également au maire, aux termes de la circulaire du 13 mai 1890, de déférer directement au tribunal de simple police, en lui dressant ou faisant dresser procès-verbal après avertissement, s'il le juge à propos, tout étranger contrevenant.

Obligations des préfectures envers les maires et envers le ministère de l'intérieur. (Application du décret du 2 octobre 1888.)

Ainsi que nous l'indiquons plus haut, la préfecture doit, indépendamment des instructions qu'elle juge utile d'adresser aux maires, fournir à ces derniers les imprimés nécessaires à l'établissement des divers états que nécessite l'application du décret du 2 octobre 1888.

Quant aux obligations des préfectures envers le ministère de l'intérieur, elles consistent, notamment, aux termes des circulaires du 21 février et 30 avril 1889, dans l'établissement et l'envoi *mensuel*, savoir :

1° Fiches (1) établies d'après les nouvelles déclarations souscrites pendant le mois précédent et contenues dans les états n° 2 remplis et fournis à la préfecture par les maires ;

2° Liste des étrangers décédés ou partis dans le courant du mois précédent (Circ. des 15 décembre 1888 et 3 juillet 1889); cette liste est

(1) Les imprimés de ces fiches sont fournis aux préfectures par le ministère de l'intérieur.

dressée d'après les états n° 3 également fournis par les maires ;

3° Statistique numérique (Circ. des 2 avril 1889 et 24 avril 1890). Cette statistique comprend tous les étrangers inscrits dans le département sans distinction du régime légal qui les régit ;

4° Liste des étrangers admis à domicile, naturalisés ou réintégrés dans la qualité de Français (Circ. des 30 octobre et 18 novembre 1888) ; cette liste figure sur un même état à la suite de la liste des étrangers qui ont obtenu l'une de ces faveurs et qui sont soumis à la loi du 8 août 1893 ;

5° Liste des contrevenants aux dispositions du décret (Circ. des 21 février 1887 et 24 octobre 1893) ;

6° Relevé des condamnations encourues (Antérieurement à la promulgation de la loi du 8 août 1893, les préfectures adressaient au ministre copie des procès-verbaux dressés contre les réfractaires au décret du 2 octobre 1888); cet envoi n'a plus lieu ;

7° Transmission aux maires des récépissés

délivrés à la suite de déclarations renouvelées (Circ. du 24 octobre 1889), que nous croyons utile de reproduire ci-après :

Instruction ministérielle relative aux récépissés délivrés à la suite de déclarations renouvelées. (24 octobre 1889.)

« Mon attention a été attirée sur le nombre considérable d'étrangers justiciables du décret du 2 octobre 1888, que vous me signalez chaque mois comme ayant quitté la commune de leur résidence sans indiquer le lieu de leur nouveau domicile.

» Bien que le décret du 2 octobre 1888 ne contienne, dans le nombre de ses prescriptions, aucune obligation pour l'étranger résident, d'avoir à effectuer, le cas échéant, une déclaration de départ, j'ai pensé qu'il y avait lieu de modifier un état de choses qui a pour conséquence de nous priver le plus souvent, par l'ignorance dans laquelle nous nous trouvons de la direction prise par un trop grand nombre d'étrangers, des avantages que nous offre l'application intégrale du décret précité. En conséquence, pour remédier autant que possible à cette situation et faciliter à votre administration les recherches qu'elle pourrait avoir intérêt à exercer sur la personne d'étrangers ayant résidé dans le département, je vous serai reconnaissant de vouloir bien prescrire pour l'avenir aux municipalités du ressort de votre juridiction administrative d'avoir, en délivrant aux étrangers venant d'un autre département le reçu de leur nouvelle déclaration de résidence, à retenir le récépissé qui leur aura été délivré antérieurement en échange de la déclaration qu'ils auront dû faire dans la commune qu'ils viendront de quitter.

» Ces récépissés, après avoir été annotés de la mention suivante : « A fait une nouvelle déclaration de résidence le..... dans la commune de..... département de..... », devront vous être adressés très régulièrement par les maires du 1ᵉʳ au 5 de chaque mois. (V. *suprà* le modèle de la déclaration.)

» Une fois en possession de ces pièces, vous voudrez bien les faire parvenir à vos collègues des départements intéressés qui auront à leur tour, après avoir pris note, sur leur état général par nationalité, du nouveau domicile de l'étranger parti de leur département pour résider dans le vôtre, à les adresser aux maires des communes précédemment habitées par ledit étranger. Ces récépissés, ainsi retournés à leur auteur, devront être épinglés en regard de la souche correspondante. »

2°. — **Étrangers voyageant, résidant ou arrivant en France pour y exercer une profession, un commerce ou une industrie.**

Loi du 8 août 1893 relative au séjour des étrangers en France et à la protection du travail national.

ARTICLE PREMIER. — Tout étranger, non admis à domicile, arrivant dans une commune pour y exercer une profession, un commerce ou une profession, devra faire à la mairie une déclaration de résidence, en justifiant de son identité dans les huit jours de son arrivée. Il sera tenu, à cet effet, un registre d'immatriculation des étrangers, suivant la forme déterminée par un arrêté ministériel. Un extrait de ce registre sera délivré au déclarant, dans la forme des actes de l'état civil, moyennant les mêmes droits. En cas de changement de commune, l'étranger fera viser son certificat d'immatriculation, dans les deux jours de son arrivée, à la mairie de sa nouvelle résidence.

Art. 2. — Toute personne qui emploiera sciemment un étranger non muni du certificat d'immatriculation sera passible des peines de simple police.

Art. 3. — L'étranger qui n'aura pas fait la déclaration imposée par la loi dans le délai déterminé, ou qui refusera de produire son certificat à la première réquisition, sera passible d'une amende de 50 à 200 francs. Celui qui aura fait sciemment une déclaration fausse ou inexacte sera passible d'une amende de 100 à 300 francs, et, s'il y a lieu, de l'interdiction temporaire ou indéfinie du territoire français. L'étranger expulsé du territoire français, et qui y serait rentré sans l'autorisation du gouvernement, sera condamné à un emprisonnement de un à six mois. Il sera, après l'expiration de sa peine, reconduit à la frontière. L'article 463 du code pénal est applicable aux cas prévus par la présente loi.

Art. 4. — Les produits des amendes prévues par la présente loi seront attribués à la caisse municipale de la commune de la résidence de l'étranger qui en sera frappé.

Art. 5. — Il est accordé aux étrangers visés par l'article 1er, et actuellement en France, un délai d'un mois pour se conformer aux prescriptions de la loi.

La présente loi, délibérée et adoptée par le Sénat et la Chambre des députés, sera exécutée comme loi de l'État.

Commentaire.

Art. 1er. — Tout étranger, non admis à domicile, arrivant dans une commune pour y exercer une profession, un commerce ou une industrie, devra faire une déclaration de résidence, en justifiant de son identité dans les huit jours de son arrivée. Il sera tenu, à cet effet, un registre d'immatriculation des étrangers, suivant la forme déterminée par un arrêté ministériel. Un extrait de ce registre sera délivré au déclarant, dans la forme des actes de l'état civil, moyennant les mêmes droits. En cas de changement de commune, l'étranger fera viser son certificat d'immatriculation, dans les deux jours de son arrivée, à la mairie de sa nouvelle résidence.

Tout étranger. — Il faut entendre par étranger celui auquel nos lois ne reconnaissent point la qualité de citoyen français. Doivent être considérés également comme étrangers, les individus nés en France de père et mère étrangers qui n'ont pas acquis de fait la qualité de Français (V. *Nationalité, Domicile* et *Naturalisation*). Ces individus, qu'ils soient majeurs ou mineurs, sont soumis aux prescriptions de la nouvelle loi (1). La femme née Française, mariée à un étranger, est, bien entendu, considérée comme étrangère.

Non admis à domicile. — L'admission régu-

---

(1) Aux termes de l'article 8, § 4, du code civil, l'individu né en France d'un étranger né à l'étranger ne devient Français que si, à l'époque de sa majorité, telle qu'elle est réglée par la loi française, il est domicilié en France. Par conséquent, le mineur qui se trouve dans ces conditions est censé suivre sa nationalité d'origine, et une déclaration doit être exigée de lui, puisqu'il n'acquiert la qualité de Français qu'à sa majorité. (Déc. ministérielle.)

Nous pensons, au contraire, que l'individu né en France de parents étrangers ne doit être soumis à la déclaration qu'après qu'il aura répudié la qualité de Français à l'époque de sa majorité. Jusque-là, il doit, à notre avis, être considéré comme Français.

lière à domicile en France doit faire l'objet d'un décret spécial du chef de l'État, pris sur la demande de l'intéressé qui devra, préalablement, justifier des conditions requises et que nous examinerons au chapitre « Nationalité ».

Arrivant dans une commune pour y exercer une profession, un commerce ou une industrie, devra faire à la mairie une déclaration de résidence. — Le délai accordé aux étrangers exerçant déjà en France une profession, un commerce ou une industrie pour faire la déclaration prescrite par la loi a expiré le 1er décembre 1893 (Circ. du 13 octobre 1893). Ceux qui auraient omis ou auraient refusé de s'y conformer feront l'objet des poursuites que nous indiquons plus loin.

La loi n'a établi aucune acception de sexe, d'âge ou de parenté. Par conséquent tout étranger arrivant dans une commune française pour y exercer une profession, un commerce ou une industrie devra, dans les huit jours de son arrivée, au plus tard, faire à la mairie une déclaration individuelle de résidence. Cette déclaration devra également être exigée de la femme et de chacun des enfants majeurs ou mineurs, si cette femme et ces enfants exercent, soit ensemble, soit séparément, une profession, un commerce ou une industrie, les cultivateurs compris, et cela sans qu'il y ait lieu de tenir compte de ce fait qu'ils conservent à l'étranger leur domicile ou même leur résidence.

La déclaration sera reçue à Paris à la préfecture de police, à Lyon à la préfecture du Rhône ou aux commissariats de police désignés par les préfets de police ou du Rhône, et, dans les autres communes, à la mairie ou aux commissariats de police désignés à cet effet par le maire.

Ainsi, des ouvriers étrangers, habitant dans leur pays, viennent chaque jour en France pour travailler dans les usines de nos départements frontières, puis rentrent le soir chez eux : ces ouvriers, cultivateurs ou autres, sont astreints, une fois pour toutes, à la déclaration prescrite par la loi tant qu'ils travailleront dans la même commune.

D'autres viennent sur notre territoire pendant une partie de l'année, soit pour exercer un commerce ou une profession, soit pour exécuter certains travaux, puis retournent dans leur pays : ces étrangers doivent, chaque fois qu'ils rentrent en France, faire une déclaration nouvelle, alors même qu'ils reviendraient dans une commune où ils auraient précédemment rempli cette formalité. La loi exige, en effet, une *déclaration pour* CHAQUE SÉJOUR DISTINCT.

Ces expressions « profession, commerce, industrie », ont un sens très large et la loi s'applique à tout étranger qu'il soit artiste, artisan, ouvrier industriel ou agricole, précepteur, professeur, employé, courrier ou domestique, etc., ainsi d'ailleurs qu'à l'étranger appartenant à un ordre religieux et exerçant soit le professorat, soit le sacerdoce, etc.

Toutefois, conformément aux principes du droit international, le personnel du corps diplomatique et consulaire, accrédité auprès du gouvernement français, est dispensé de la formalité de la déclaration de résidence, mais cette immunité ne s'étend pas aux domestiques et serviteurs de l'ambassade et du consulat ; ces derniers sont soumis à la déclaration de résidence dans les conditions réglementaires.

En justifiant de son identité dans les huit jours de son arrivée. — Qu'il s'agisse de l'application du décret de 1888 ou de la loi de 1893, les pièces d'identité à produire au maire par l'étranger seront les mêmes.

En principe, les étrangers dans les pays desquels l'état civil est réglementé sont tenus de se présenter à la mairie ou au commissariat de police, munis de leur extrait de naissance ; cette pièce offrant par elle-même le caractère d'authenticité, dispense le déclarant de toute autre justification. Ceux qui sont originaires de pays où l'autorité publique n'intervient pas dans l'établissement des actes de l'état civil, doivent produire, à l'appui de leur déclaration, les pièces qu'ils auraient à produire dans leur pays d'origine pour établir leur identité. Pour donner à ces pièces un caractère d'authenticité, ils devront préalablement les soumettre au visa des consuls ou des agents consulaires de leur pays. Quant à ceux qui, pour un motif quelconque, seraient dans l'impossibilité de se munir de pièces d'identité, ils pourront être exceptionnellement admis à produire une déclaration faite devant leurs consuls ou agents consulaires et contenant tous les renseignements nécessaires d'identité (nom, prénoms, date et lieu de naissance, filiation, etc.).

En vue d'atténuer les rigueurs de la loi que les étrangers peuvent ignorer en quittant leur pays pour se rendre en France, les maires pourront, là où il n'existe pas de consul ou d'agent consulaire, accepter comme pièces justificatives d'identité de simples certificats de bonne conduite, des livrets d'ouvriers ou même des permis de séjour que délivrent certains pays. Mais ils devront préalablement s'assurer que ces pièces s'appliquent bien au déclarant, et les rejeter en cas de doute. Le déclarant, dans ce dernier cas, devra être mis en demeure de se procurer des pièces authentiques, et rien ne s'oppose à ce que le maire accorde à cet effet à l'intéressé un délai de quelques jours pour se les procurer; mais ce délai ne devra jamais être supérieur à huit jours. Passé ce délai, et sauf justification des diligences faites par l'étranger, le maire procédera à l'égard de celui-ci suivant les prescriptions de l'article 3 de la loi, que nous commentons plus loin.

Les maires, d'autre part, n'ont pas qualité pour inviter impérativement les étrangers à faire leur déclaration ; ils doivent se borner aux publications d'usage en vue d'éclairer les résidents étrangers à leur commune sur les obligations qui leur incombent. Ils s'écarteraient de la mission que la loi leur attribue en prescrivant individuellement aux étrangers d'avoir à s'y conformer : seule l'autorité judiciaire ayant qualité pour intervenir directement contre tout réfractaire et pour examiner la valeur des arguments que les étrangers pourraient faire valoir pour excuser leur défaut de déclaration. Lorsqu'il surgira une question de nationalité, les maires devront en référer immédiatement au préfet.

Dans les huit jours de son arrivée. — Le point de départ des *huit jours* ne sera pas celui de l'arrivée dans la commune, mais bien celui de l'entrée en France. Ainsi un étranger exerçant une profession nomade, voyageur de commerce, courrier, domestique, etc., sera tenu de faire sa déclaration dans l'une des communes qu'il traversera avant l'expiration du délai de huit jours de son arrivée en France ; il sera passible, dans le cas contraire, des poursuites édictées par la loi. Quant à ceux de ces étrangers qui résidaient déjà en France au moment de la promulgation de la loi, le délai de déclaration a expiré le 1ᵉʳ décembre 1893.

Il sera tenu, à cet effet, un registre d'immatriculation des étrangers, suivant la forme déterminée par un arrêté ministériel. — Comme il est essentiel à tous égards que l'administration soit en possession de l'état civil des étrangers qui viennent en France pour y exercer une profession, un commerce ou une industrie, le registre d'immatriculation dressé, en vertu de l'arrêté ministériel du 23 août 1893 (1), et dont on trouvera le

(1) *Arrêté du ministre de l'Intérieur, du 23 août 1893* :
Art. 1ᵉʳ. — Les registres d'immatriculation destinés à recevoir les déclarations de résidence des étrangers qui arrivent dans une commune pour y exercer une profession, un commerce ou une industrie, seront établis dans la forme d'un modèle annexé au présent arrêté.
Art. 2. — Les extraits du registre d'immatriculation délivrés aux étrangers justiciables de la loi du 8 août 1893, seront frappés d'un droit fixe de timbre de 1 fr. 80.
Art. 3. — Ces extraits seront également assujettis au droit de délivrance fixé par le décret du 12 juillet 1807.
Art. 4. — Les déclarations de résidence seront faites pour

modèle plus loin, contient, outre les nom, prénoms, lieu et date de naissance de l'étranger, mais encore sa filiation, son état civil et les nom et prénoms de sa femme et de ses enfants. Ce registre est à souche, laquelle contiendra la signature du maire et du déclarant. L'extrait délivré au déclarant ne sera signé que par le maire ou son délégué. Les agents ou fonctionnaires commis à cet effet ne devront pas omettre de relater sur la déclaration les pièces justificatives d'identité produites par le déclarant.

Le registre devra, notamment, dans les villes importantes être établi par nationalité. Un répertoire alphabétique par catégorie de nationalité sera également établi, afin de faciliter les recherches et le contrôle du mouvement des étrangers.

Un extrait de ce registre sera délivré au déclarant, dans la forme des actes de l'état civil, moyennant les mêmes droits. — Aussitôt que le maire ou son délégué aura reçu la déclaration d'un

Paris et les communes du département de la Seine, à la préfecture de police, et pour Lyon et les communes de l'agglomération lyonnaise, à la préfecture du Rhône.

étranger, il en délivrera à celui-ci un extrait moyennant le payement des droits dont est frappée la délivrance de tout acte de l'état civil. Les droits à percevoir à cet effet, prévus par les lois des 13 brumaire an VII, 28 avril 1816 et le décret du 12 juillet 1807, dont on trouvera les textes plus loin, ont été d'ailleurs fixés par arrêté ministériel du 23 août 1893 (V. plus haut), qui spécifie que ces extraits seront frappés d'un droit fixe de timbre de 1 fr. 80. Indépendamment du droit de timbre, il sera en outre perçu, pour droit d'expédition de même que pour tout acte de l'état civil, savoir : 30 centimes dans les communes ayant moins de 50 000 habitants et 50 centimes dans les villes ayant 50 000 habitants et au-dessus. En conséquence, il sera perçu pour tout extrait de déclaration, 2 fr. 10 ou 2 fr. 30, selon l'importance de la population de la ville dans laquelle la déclaration sera reçue.

Les droits de déclaration et d'expédition seront perçus directement par le maire ou son délégué et versés par lui à la caisse municipale au profit de la commune, au compte spécial ouvert au budget au titre « Recettes ». Toutefois les maires auront soin de faire préalablement apposer, sur les extraits à délivrer aux déclarants, un timbre mobile de 1 fr. 80 par le receveur de l'enregistrement, auquel ils feront l'avance de la somme et dont ils se rembourseront par la délivrance desdits extraits.

En aucun cas, l'extrait du registre d'immatriculation ne devra être délivré *gratuitement, pour cause d'indigence*. Néanmoins, le maire pourra accorder un délai de quelques jours pour le payement de ces droits à l'étranger qui, hors d'état de payer immédiatement, en ferait la demande. Mais il devra être avisé que, faute par lui de les avoir acquittés à l'expiration de ce délai, il sera passible des peines prévues par la loi (V. *Commentaire* de l'article 3). Dans tous les cas, le maire ne peut proroger ce délai indéfiniment, attendu qu'il porterait à la fois atteinte aux prescriptions de la loi, aux intérêts du Trésor et à ceux de sa commune.

En cas de changement de commune, l'étranger fera viser son certificat d'immatriculation dans les deux jours de son arrivée, à la mairie de sa nouvelle résidence. — Cette prescription est formelle et péremptoire; elle ne comporte nul commentaire. A son départ d'une commune, que ce soit celle où il a souscrit sa déclaration, que ce soit toute autre, l'étranger n'a rien à faire envers les autorités, ce n'est qu'à son arrivée à destination qu'il devra, sous peine d'être poursuivi, faire viser son extrait d'immatriculation, *dans les deux jours*, par le maire de sa nouvelle résidence. Aucun droit ne sera réclamé pour ce visa à l'étranger qui conservera toujours par devers lui ledit extrait, qu'il devra présenter à toute réquisition de la force publique et aux personnes qui l'emploieront ; il devra, en outre, faire renouveler ce visa, dans les mêmes conditions, toutes les fois qu'il changera de résidence. Le visa du maire sera inscrit comme suit au verso de l'extrait :

A satisfait à la loi du 8 août 1893, dans la commune de........................département de........................
    Le........................18........
        Le maire,

Cachet de la mairie.)

Ce sont là les seules obligations auxquelles les étrangers sont soumis lorsqu'ils changent de résidence après avoir souscrit leur déclaration.

De son côté, le maire devra : 1° tenir un registre, modèle B, dont les imprimés lui seront fournis par la préfecture et sur lequel il consignera toutes les indications nécessaires, qui ne sont autres que la reproduction sommaire de l'extrait d'immatriculation soumis à son visa ; 2° adresser à la préfecture ou sous-préfecture l'état nominatif des étrangers qui ont fait viser leur certificat. Cet état sera adressé mensuellement et à la date fixée par les instructions préfectorales (du 1ᵉʳ au 5 de chaque mois). Le maire adressera en même temps à la préfecture ou à la sous-préfecture, un autre état nominatif et par *nationalité* distincte, modèle A, de tous les étrangers qui, ayant déjà fait la déclaration par application du décret du 2 octobre 1888, ont renouvelé leur déclaration par application de la loi du 8 août 1893, comme exerçant une profession, un commerce ou une industrie.

Nous ne pensons pas devoir relater les travaux faits à cet effet, dans les bureaux des sous-préfectures et préfectures, ces travaux très considérables sont déterminés par des instructions spéciales, dont nous n'avons pas à nous occuper ici.

Ils consistent, notamment, en relevés mensuels et distincts des déclarations faites, en vertu du décret du 2 octobre 1888 et de la loi du 8 août 1893, dans la tenue de *deux registres distincts*, dans l'établissement de fiches individuelles et dans la transmission des correspondances échangées entre les municipalités par l'intermédiaire de la préfecture.

Il ne devra pas être perdu de vue que le fonctionnement simultané et en quelque sorte parallèle du décret de 1888 et de la loi de 1893 comporte deux opérations absolument *distinctes* et qui, en aucun cas, ne devront être confondues. Nous indiquons plus loin les états à fournir séparément pour chacune de ces opérations.

Art. 2. — Toute personne qui emploiera sciemment un étranger non muni du certificat d'immatriculation sera passible des peines de simple police.

Les prescriptions de cet article dont l'application donnera lieu à des interprétations diverses ont évidemment pour but, d'une part, la protection du travail national, et, d'autre part, la sécurité publique.

Jusqu'à la promulgation de la loi de 1893, tout particulier, industriel ou commerçant pouvait admettre librement à son service n'importe qui, sans l'immixtion des pouvoirs publics.

Désormais, outre les références particulières dont nous n'avons pas à nous occuper ici, *chacun est tenu*, de par la loi, d'exiger de l'étranger qu'il prendra à son service, la présentation de la pièce officielle attestant qu'il a souscrit la déclaration de résidence prescrite par la nouvelle loi; dans le cas contraire, le particulier, industriel ou commerçant, sera passible de peines de simple police (V. *Commentaire* de l'art. 3).

Par « toute personne » il faut entendre non seulement les nationaux, mais aussi les étrangers résidant en France, rentiers, propriétaires, commerçants, industriels, etc., qui auront eux-mêmes souscrit, soit la déclaration prévue par le décret du 2 octobre 1888, soit celle prescrite par la loi du 8 août 1893.

Les uns et les autres devront donc exiger de la

personne qu'ils admettront à leur service (1), dans n'importe quelle condition, la production préalable du certificat attestant qu'elle s'est conformée aux prescriptions de la loi.

Lorsque cette personne se prévaudra de la nationalité française, elle devra justifier de cette qualité par pièces authentiques, acte de naissance, passeport, certificats du maire de sa commune, etc.

Par suite la nouvelle loi impose aux nationaux l'obligation, virtuellement abrogée, de posséder par devers eux des pièces justificatives de leur qualité de Français, et en outre, l'immixtion directe, chez tout particulier, des agents de la force publique. Protection d'un côté, entrave à la liberté individuelle de l'autre, telle est l'économie de la nouvelle loi qui, cependant, il faut l'espérer, produira des effets féconds suivant qu'on attribuera la prospérité publique à l'initiative privée ou à la protection morale du travail national. Cette question est trop importante

(1) Est passible des peines de simple police la personne qui prend une femme de ménage sans être munie d'un certificat d'immatriculation.

et touche de trop près aux principes fondamentaux qui régissent la société moderne pour que nous l'examinions dans ce modeste recueil.

Quoi qu'il en soit, le maire est tenu de signaler au parquet toute personne qui, contrairement aux prescriptions de cet article, aura employé des étrangers non munis du certificat d'immatriculation. L'exécution stricte de cette prescription nous paraît fort problématique, pour ne pas dire autre chose, à moins d'étendre les pouvoirs des maires, et bien même que ceux-ci aient un intérêt direct à son application rigoureuse, le produit des amendes prononcées étant acquis à leur caisse municipale.

Art. 3. — L'étranger qui n'aura pas fait la déclaration imposée par la loi dans le délai déterminé, ou qui refusera de produire son certificat à la première réquisition, sera passible d'une amende de 50 à 200 francs. Celui qui aura fait sciemment une déclaration fausse ou inexacte sera passible d'une amende de 100 à 300 fr., et, s'il y a lieu, de l'interdiction temporaire ou indéfinie du territoire français. L'étranger expulsé du territoire français (1),

---

(1) V. loi du 3 décembre 1849, art. 3. (Application du décret du 2 octobre 1888, art. 5.)

et qui y serait rentré sans l'autorisation du gouvernement, sera condamné à un emprisonnement de un à six mois. Il sera, après l'expiration de sa peine, reconduit à la frontière. L'art. 463 (1) du code pénal est applicable aux cas prévus par la présente loi.

L'étranger qui n'aura pas fait la déclaration imposée par la loi dans le délai déterminé. — A partir du 1ᵉʳ décembre 1893, date à laquelle a expiré le délai de déclaration accordé aux étrangers déjà résidant, tout étranger arrivant en

(1) Art. 463 du code pénal. — « Les peines prononcées par la loi contre celui ou ceux des accusés reconnus coupables, etc...
» Dans les cas où la peine de l'emprisonnement et celle de l'amende sont prononcées par le code pénal, si les circonstances paraissent atténuantes, les tribunaux correctionnels sont autorisés, même en cas de récidive, à réduire ces deux peines comme suit :
» Si la peine prononcée par la loi, soit à raison de la nature du délit, soit à raison de l'état de récidive du prévenu, est un emprisonnement dont le minimum ne soit pas inférieur à un an ou une amende dont le minimum ne soit pas inférieur à 500 fr., les tribunaux pourront réduire l'emprisonnement jusqu'à six jours et l'amende jusqu'à seize francs.
» Dans tous les autres cas ils pourront réduire l'emprisonnement même au-dessous de six jours et l'amende même au-dessous de seize francs. Ils pourront aussi prononcer séparément l'une ou l'autre de ces peines, et même substituer l'amende à l'emprisonnement, sans qu'en aucun cas elle puisse être au-dessous des peines de simple police. »

France pour y exercer une profsssion, un commerce ou une industrie, devra, dans les huit jours au plus tard de son arrivée en France, faire sa déclaration de résidence au maire de la commune ou à son délégué (1). Passé ce délai de huit jours, cet étranger sera déféré aux tribunaux civils et condamné de ce fait à une amende de 50 à 200 francs. C'est au maire de la commune qu'incombe le devoir de signaler au parquet les réfractaires, et c'est à ce magistrat que les agents de la force publique devront préalablement le signaler. Il est bien entendu que l'obligation de la déclaration s'étend à la femme et aux enfants majeurs ou mineurs qui exercent, soit ensemble, soit séparément, une profession, un commerce ou une industrie. Le chef de famille reste moralement et matériellement responsable des infractions à la loi commises, soit par la femme, soit

(1) Le délai de huit jours part non de la date d'arrivée dans la commune, mais de celle de l'arrivée en France; ainsi un étranger qui ne séjournerait successivement qu'un seul jour dans huit communes, devra faire sa déclaration dans celle où il se trouvera le huitième jour. Tel est notre avis. Cependant la cour de cassation a décidé le contraire le 4 août 1893. (V. Comm. du décret du 2 octobre 1888, art. 5.)

par les enfants *mineurs*, et les patrons par leurs ouvriers ou employés. Quant à celui qui aura fait sciemment une déclaration fausse ou inexacte il sera passible d'une amende de 100 à 300 francs sans préjudice de la mesure d'expulsion du territoire français. Le préfet de tout département frontière pourra prendre et faire exécuter immédiatement cette mesure; les préfets des autres départements devront la provoquer du ministre de l'intérieur (loi du 3 décembre 1849, V. *Application* du décret du 2 octobre 1888). Celui qui, après avoir été signalé, serait rentré en France, sans l'autorisation du gouvernement, sera passible d'un emprisonnement de un à six mois, à moins que le tribunal ne lui accorde le bénéfice de l'article 463 du code pénal; il sera reconduit ensuite à la frontière par les voitures cellulaires (1). Néanmoins l'administration conserve

(1) Lorsqu'un individu expulsé du territoire français se trouvera dans les conditions voulues pour souscrire la déclaration en vue d'acquérir la qualité de Français et que cette déclaration aura été souscrite par lui ou ses représentants légaux, selon qu'il sera majeur ou mineur, l'arrêté d'expulsion pris à son encontre devra être rapporté immédiatement après l'enregistrement à la chancellerie de la déclaration le concernant, bien même que ladite déclaration

toujours le droit d'accorder un délai pour quitter librement le territoire français.

Il est à remarquer que ces dispositions ne sont

n'ait pas pour effet de faire disparaître le délit qui l'avait motivé.

D'autre part, un individu né en France de parents étrangers qui, soumis à l'expulsion pendant sa minorité, rentre en France et se trouve en état de détention au moment de sa majorité, reste étranger. Cette jurisprudence est établie par arrêt de la Cour de cassation du 22 décembre 1894, ainsi conçu : « Attendu qu'il résulte de l'arrêt attaqué que X..., né en France d'un étranger, a été, durant sa minorité, frappé d'un arrêt d'expulsion qui lui interdisait le territoire français ; que rentré en France contrairement à cet arrêté il était pour ce fait détenu à la prison de .... à l'époque de sa majorité ; qu'il a été ensuite poursuivi pour une nouvelle infraction à l'arrêté d'expulsion dont il était l'objet.

» Attendu que c'est à bon droit que, dans ces circonstances, l'arrêt attaqué a décidé que le prévenu n'était pas domicilié en France lors de sa majorité ; qu'il était par suite resté étranger, et que, l'arrêté d'expulsion pris contre lui, demeurera applicable, puisqu'il avait encouru la peine portée par l'art. 8 de la loi du 3 décembre 1849.

» Que vainement le demandeur soutient qu'il n'a pu être privé par une mesure de police, du droit de devenir Français, conformément à l'article 8, § 4, du code civil, d'après lequel est Français tout individu né en France d'un étranger, et qui, à l'époque de sa majorité, est domicilié en France.

» Que le droit invoqué par le demandeur n'est pas inscrit dans la loi ; que, si le domicile doit entraîner lors de la majorité des étrangers nés en France, certaines conséquences au point de vue de la nationalité, ce n'est qu'une pure éventualité prévue et réglée par le législateur, mais qu'aucune disposition légale n'ouvre à ces étrangers un droit particulier quant à l'établissement de leur domicile ; qu'ils restent donc

applicables à l'individu né en France de parents étrangers qu'après qu'il aura répudié la qualité de Français à l'époque de sa majorité. Jusque-là il n'est pas tenu de faire la déclaration de résidence comme étranger et, par suite, aucune poursuite ne peut être légalement faite à son encontre. Mais dès le neuvième jour qui suivra

soumis au régime déterminé par la loi du 3 décembre 1849 dont l'article 7 permet au gouvernement d'enjoindre par mesure de police à tout étranger voyageant ou résidant en France, de sortir immédiatement du territoire français ; *que l'étranger ainsi expulsé ne saurait avoir en France ni domicile, ni résidence au sens légal du mot, puisque sa présence seule sur notre territoire constitue un délit.*

» D'où il suit que, loin de violer les dispositions précitées, l'arrêt attaqué en a fait au contraire une saine application. »

D'autre part, un arrêt de la Cour d'appel d'Aix du 19 décembre 1894, a déclaré Français un individu né en France de parents étrangers, contre lequel un arrêté d'expulsion avait été pris pendant sa minorité, mais dont ledit arrêté n'avait pu être mis à exécution que quelques jours après la majorité, par suite de l'état de détention dans lequel ledit individu se trouvait au jour de sa majorité.

En résumé, l'étranger expulsé ne saurait avoir en France ni domicile ni résidence au sens légal du mot, puisque sa seule présence sur le territoire constitue un délit. Par suite la mesure d'expulsion n'a son plein effet qu'après notification. Si donc l'individu est devenu Français avant d'avoir reçu notification de la mesure qui le frappe, quelle que soit la date administrative de cette mesure, elle restera sans effet. Toutefois, en présence des deux théories relatées ci-dessus, il appert que les tribunaux restent seuls juges souverains pour trancher les questions d'état.

sa déclaration de répudiation de la qualité de Français, il tombera sous le coup des dispositions de la loi du 8 août 1893 ou du décret du 2 octobre 1888, selon le cas.

Art. 4. — Les produits des amendes prévues par la présente loi seront attribués à la caisse municipale de la commune de la résidence de l'étranger qui en sera frappé.

Nous avons indiqué dans les commentaires des articles précédents les conditions dans lesquelles les étrangers sont tenus de faire leur déclaration à leur arrivée en France, ainsi que les droits de timbre et d'expédition, la formalité du visa à effectuer par eux toutes les fois qu'ils changent de résidence et, enfin, les diverses pénalités qu'ils encourent, s'ils omettent de se conformer aux prescriptions légales.

Ainsi que prescrit l'article 4 ci-dessus, les produits des amendes seront attribués à la caisse municipale de la commune de la résidence. Cette disposition formelle écarte tout doute lorsqu'il s'agit de l'attribution des amendes prononcées par un tribunal civil contre un étranger prévenu de n'avoir pas souscrit ou qui aurait fait sciemment une fausse déclaration à la mairie de sa résidence effective ; ces produits seront naturellement attribués à la caisse municipale de cette commune. Mais lorsqu'il s'agira d'un étranger qui, après avoir régulièrement souscrit sa déclaration dans une commune, changera de résidence et sera poursuivi pour refus de produire son certificat d'immatriculation, à laquelle, de la commune où il a souscrit sa déclaration ou à celle où il est poursuivi, le produit de l'amende sera-t-il attribué ? Ici le législateur s'est borné à indiquer comme bénéficiaire *la caisse municipale de la commune de la résidence*, sans tenir compte de cette considération que l'étranger a la faculté de changer librement de résidence, sans autre obligation que celle de faire viser son certificat à la mairie de sa nouvelle résidence. Au départ il n'a rien à faire.

A notre avis, le législateur eût dû compléter les mots « de la commune de la résidence » par les mots « *qui aura provoqué les poursuites* », puisque c'est au maire qu'incombe le devoir de déférer les délinquants au parquet.

De même que pour le versement des droits d'expédition des extraits d'immatriculation, les produits des amendes seront versés par les soins du maire à la caisse municipale au compte spécial ouvert au budget au titre : « Recettes ».

Art. 5. — Il est accordé aux étrangers visés par l'article 1ᵉʳ, et actuellement en France, un délai d'un mois pour se conformer aux prescriptions de la loi.

Cet article, qui s'applique spécialement aux étrangers qui se trouvaient en France au moment de la promulgation de la loi du 8 août 1893, ne comporte pas de commentaire, et n'a plus sa raison d'être, attendu que le délai dont il est question est expiré depuis le 1ᵉʳ décembre 1893. A partir de cette dernière date, l'étranger arrivant en France n'a plus un mois pour faire sa déclaration, mais seulement *huit jours, délai de rigueur*. Dans le cas contraire il est passible des peines édictées par la loi (V. *Commentaire* de l'art. 3).

Nota. — Les dispositions de la loi du 8 août

1893, ont été rendues exécutoires en Algérie par décret du 7 février 1894.

Les étrangers peuvent-ils se constituer en associations?

Aucune disposition légale n'autorise les étrangers à se constituer entre eux en Sociétés. Cependant, dans presque toutes les grandes villes, des Sociétés étrangères dites « de bienfaisance » fonctionnent régulièrement avec la sanction des autorités. En fait, aux termes de notre législation, les étrangers, bien qu'admis à faire partie, comme membres de sociétés approuvées ou autorisées ou de syndicats professionnels, ne peuvent, en aucun cas, faire partie du bureau directeur de ces associations, et encore moins se constituer entre eux en société ou syndicat.

Les principales dispositions légales régissant les associations, non compris les décrets des 26 mars et 26 avril 1856, sont les articles 291 et 292 du code pénal. Nous rappelons les lois des 14-23 mars-19 avril 1872, sur l'Internationale, 12-18 décembre 1893 sur les sociétés de malfaiteurs.

Pièces d'identité à produire par les étrangers au maire pour la déclaration de résidence. (Applic. du décret du 2 octobre 1888 et de la loi du 8 août 1893.)

En principe, les étrangers dans les pays desquels l'état civil est réglementé sont tenus de produire un *extrait de naissance*; cette pièce, offrant par elle-même le caractère d'authenticité, dispense le déclarant de toute autre attestation. Ceux qui sont originaires de pays où l'autorité publique n'intervient pas dans l'établissement des actes de l'état civil, doivent produire, à l'appui de leur déclaration, les pièces qu'ils auraient à produire dans leur pays d'origine pour établir leur identité. Pour donner à ces pièces un caractère d'authenticité, ils devront préalablement les soumettre au visa des consuls ou des agents consulaires de leur pays.

Quant à ceux des étrangers qui seraient dans l'impossibilité de se munir de pièces d'identité, ils seront exceptionnellement admis à produire une déclaration faite devant leurs consuls ou agents consulaires, et contenant tous les renseignements nécessaires (Date et lieu de naissance, filiation, etc.). Dans la pratique, la plupart des maires des communes où il n'existe pas de consuls ou d'agents consulaires des pays des étrangers soumis à la déclaration, ont accepté et continuent à bon escient d'accepter comme pièces justificatives de simples certificats de bonne conduite ou des livrets d'ouvriers, ou même des permis de séjour que délivrent certains pays.

Ce mode de procéder peut donner lieu à de graves inconvénients ; nous engageons donc les maires à n'admettre ces dernières pièces, comme authentiques, que toutes les fois qu'ils auront acquis la conviction qu'elles concernent réellement le déclarant.

La *carte dite « de sûreté »* est exigée dans beaucoup de pays (1), notamment en Belgique et en Alsace-Lorraine, où tout étranger séjournant

(1) *Allemagne.* L'étranger est tenu de notifier son arrivée à un bureau spécial de police en indiquant son domicile et sa profession. A *Berlin,* où la carte-passe est obligatoire, l'étranger est tenu d'effectuer personnellement par écrit

plus de huit jours est tenu de se présenter au bureau du directeur de l'arrondissement ou de une déclaration de résidence dans les trois jours de son arrivée (Lois des 26 juin et 12 octobre 1878).

Bavière. La déclaration d'arrivée doit être faite dans les huit jours.

Autriche. Le passeport est obligatoire, mais l'étranger n'est pas tenu de solliciter des autorités locales, un permis de séjour; seuls les hôteliers et loueurs sont tenu de déclarer les étrangers (Déc. min. du 10 mai 1867).

Hongrie. La déclaration de résidence doit être effectuée à peu près dans les mêmes conditions qu'en France.

Danemark et Espagne. L'étranger est tenu de justifier de sa nationalité et de son identité devant le chef de la police locale qui lui délivre, s'il y a lieu, un permis de séjour ou certificat de résidence.

Pays-Bas. L'étranger doit se présenter devant les autorités locales qui lui délivrent en échange de son titre de voyage, un certificat de séjour de trois mois renouvelable (Loi du 13 août 1849).

Portugal. La déclaration doit être faite dans les quarante-huit heures de l'arrivée; il est délivré à l'étranger un certificat de résidence; il est perçu une taxe fiscale.

Suède et Norvège. L'étranger n'est tenu à la déclaration que s'il exerce une profession, un commerce ou une industrie.

Grand Duché de Luxembourg. L'étranger est seulement tenu de justifier d'un titre de voyage ou d'identité et de moyens d'existence assurés (Loi du 4 juillet 1843).

Turquie. Dans les six mois de son arrivée l'étranger est tenu de solliciter une carte de séjour; le passeport est exigé (Règl. du 13 février 1844).

Italie. L'étranger est soumis à la déclaration dans des conditions analogues aux nôtres.

Russie. Pour pénétrer dans le territoire de l'Empire, l'étranger est tenu d'avoir un passeport visé par les autorités russes à l'étranger, lequel est échangé contre un permis de

police, qui leur remet gratuitement ladite carte, laquelle sert à l'étranger de permis de séjour. Il est tenu de se présenter, dans les mêmes conditions, chaque année au 1ᵉʳ janvier et à tout changement de résidence.

La déclaration sera individuelle.

Une déclaration de résidence individuelle doit être exigée aussi bien du chef de la famille que

séjour renouvelable tous les six mois sous peine d'amende
Angleterre. — Grèce. — Serbie. L'étranger n'est soumis à aucune déclaration. Toutefois, en Serbie, le passeport est exigé et les hôteliers et loueurs sont tenus de déclarer à la police locale les étrangers arrivés chez eux.
Grand Duché de Finlande. La déclaration n'est obligatoire que pour les étrangers qui exercent une profession, un commerce ou une industrie (Loi du 31 mars 1879).
Altona et Hambourg. La déclaration doit être faite dans les trois jours de l'arrivée ; l'étranger est tenu, en outre, de faire connaître à la police locale ses changements d'adresse ou de résidence.
Perse. L'étranger est tenu seulement d'avoir un passeport visé par les autorités persanes à l'étranger ; dans le cas contraire ce titre est retenu à la frontière par le fonctionnaire persan.
Lorsque le voyage aura pour cause une raison de commerce et que l'étranger désirera parcourir l'intérieur du pays, la taxe à percevoir, pour le visa persan sera de 12 k^{rs} 12 chaïs; elle sera de 4 k^{rs} seulement quand le voyageur se rendra en Perse pour une affaire et ne s'éloignera pas de la frontière (Inst. int. 31 janvier 1895).

de sa femme (1) et de chacun de ses enfants, ceux-ci fussent-ils mineurs, *s'ils exercent* un commerce, une profession ou une industrie, la loi ne faisant aucune exception de sexe ni d'âge. (Circ. Intérieur 23 septembre 1893.)

Le maire a-t-il le droit d'inviter les étrangers à faire leur déclaration ?

Le maire doit se borner à faire toutes les publications nécessaires en vue d'éclairer les résidents étrangers à la commune sur les obligations qui leur incombent ; mais il s'écarterait de la mission que la loi lui attribue en les invitant individuellement à se conformer aux dispositions de la loi ; seule l'autorité judiciaire a qualité pour intervenir directement contre tout réfractaire, et pour examiner la valeur des arguments qu'ils pourraient faire valoir pour excuser le défaut de déclaration. Mais le maire a le devoir de signaler à l'autorité judiciaire les étrangers qui ne se sont pas conformés à la loi ou au décret.

(1) La femme née Française mariée à un étranger est, bien entendu, soumise aux formalités de la déclaration.

Lorsqu'il surgit une question de nationalité, il doit en référer au préfet qui statue ou fait les diligences nécessaires.

Les agents de la force publique ont mission de dresser procès-verbal contre tout étranger délinquant. Ce procès-verbal est transmis, copie au préfet et copie au parquet ou au juge de paix, selon qu'il concerne un réfractaire à la loi de 1893 ou au décret de 1888. (V. *Commentaires* de la loi et du décret.)

Droits d'immatriculation et de délivrance d'extraits.

Les droits d'immatriculation et de délivrance d'extraits sont de : droit fixe de timbre, 1 fr. 80 ; de délivrance, 30 ou 50 centimes, selon qu'il s'agit d'une ville ayant moins ou plus de 50 000 habitants.

Ces droits doivent être perçus directement par le maire ou son délégué, et versés par lui à la caisse du receveur municipal, avec lequel il s'entendra préalablement pour la régularité des opérations, au compte spécial ouvert à cet effet au budget communal des recettes. Il est, d'ailleurs, procédé de même pour la délivrance d'extraits des actes de l'état civil [Lois des 13 brumaire an VII et 28 avril 1816; décret du 12 juillet 1807 et arrêté min. du 23 août 1893 (1)].

(1) *Loi du 13 brumaire an VII.* — Art. 19. — « Les notaires, greffiers, arbitres et *secrétaires des administrations*, ne pourront employer, pour les expéditions qu'ils délivreront, des actes retenus en minute, et de ceux déposés ou annexés, de papier timbré d'un format inférieur à celui appelé *moyen papier*, et dont le prix est fixé à soixante-quinze centimes la feuille (aujourd'hui 1 fr. 80). »
Loi du 28 avril 1816. — Art. 63. — « Aucune expédition, copie ou extrait d'actes reçus par des notaires, greffiers ou autres dépositaires publics, ne pourra être délivré que sur papier de un franc vingt-cinq centimes (aujourd'hui 1 fr. 80). »
Décret du 12 juillet 1807. — Art. 1er. — « Conformément aux lois il continuera à être perçu par les officiers publics de l'état civil : pour chaque expédition d'un acte de naissance, de décès ou de publication de mariage, 0 fr. 30, plus 1 fr. 50 de timbre, soit 1 fr. 80.
» Pour celle des actes de mariage, d'adoption et de divorce, 0 fr. 60, plus 1 fr. 50 de timbre, soit 2 fr. 10. »
Art. 2. — « Dans les villes de 50 000 âmes et au-dessus, pour chaque expédition d'acte de naissance, de décès ou de publication de mariage, 0 fr. 50, plus 1 fr. 50 de timbre, soit 2 francs.
» Pour celles des actes de mariage, d'adoption et de divorce, 1 fr., plus 1 fr. 50 de timbre, soit 2 fr. 50. »
Art. 3. — « A Paris, pour chaque expédition d'acte de naissance, de décès et de publication de mariage, 0 fr. 75, plus 1 fr. 50 de timbre, soit 2 fr. 25.
» Pour celles des actes de mariage, de divorce et d'adoption, 1 fr. 50, plus 1 fr. 50 de timbre, soit 3 fr. »

Extrait d'immatriculation (Timbre).

En ce qui concerne le timbrage en débet des extraits du registre d'immatriculation, le Ministre de l'Intérieur, après avis de son collègue des Finances, a adressé aux Préfets, à la date du 7 septembre 1893, la circulaire dont nous reproduisons ci-après un extrait :

« M. le ministre des finances me fait connaître que les dispositions législatives en vigueur s'opposent au timbrage en débet des extraits du registre d'immatriculation à délivrer aux étrangers en exécution de la loi du 8 août 1893. — Il fait remarquer que le seul moyen légal de se conformer sur ce point à la loi générale consiste dans l'apposition préalable sur les extraits à délivrer soit du timbre à l'extraordinaire, soit d'un timbre mobile qui ne peut être oblitéré que par les receveurs de l'enregistrement. L'apposition de l'empreinte à l'extraordinaire peut être obtenue à la direction de l'enregistrement de chaque département; celle du timbre mobile dans tous les bureaux d'enregistrement. Il ajoute qu'il n'est pas nécessaire de faire

---

Art. 4. — « Il est défendu d'exiger d'autres taxes et droits, à peine de concussion.
» Il n'est rien dû pour la confection desdits actes et leur inscription dans les registres. »

timbrer à l'avance tous les extraits composant chacun des volumes d'immatriculation. Cette formalité peut être accomplie au fur et à mesure des besoins reconnus ou prévus par chaque municipalité. Les maires sont assurés de trouver à ce sujet auprès des agents de l'administration de l'enregistrement le concours le plus empressé et toutes les facilités désirables. Ce mode de procéder permettrait d'éviter aux municipalités des avances trop importantes. »

Le fait d'être né en France ne dispense pas de la déclaration de résidence.

D'après la jurisprudence de la cour de cassation consacrée par un arrêt du 19 décembre 1891, c'est le domicile établi en France au moment de la majorité qui fait acquérir la qualité de français à l'individu né en France d'un étranger (art. 8, § 4 du code civil).

Jusqu'à l'accomplissement de cette condition, la nationalité de cet individu est déterminée par sa filiation, et, dès lors, pendant tout le temps de sa minorité il doit être réputé étranger.

En conséquence il est astreint à la déclaration prescrite par l'article 1er de la loi du 8 août 1893, quand il exerce un commerce, une profession, ou une industrie. (*Dépêche circulaire (Intérieur) du 20 octobre 1893.*)

DÉCLARATION DE RÉSIDENCE (LOI DU 8 AOUT 1893).

Sont également astreints à la déclaration de résidence s'ils résident ou viennent en France :

Le Français naturalisé étranger; ou celui qui, sans l'autorisation du gouvernement, a accepté des fonctions publiques à l'étranger, ou qui a créé à l'étranger, sans esprit de retour, un établissement commercial ;

Les enfants mineurs nés en France d'étrangers et les enfants majeurs nés en France d'étrangers qui n'ont pas réclamé la qualité de Français à l'époque de leur majorité ;

Les enfants mineurs ou majeurs nés en pays étrangers de Français qui ont perdu la qualité de Français ;

Les enfants d'étrangers naturalisés Français, mineurs lors de la naturalisation de leurs père et mère, ou si devenus majeurs, ils ont omis de se conformer aux prescriptions de l'article 9 du code civil ;

Les individus nés à l'étranger ou en France qui, étant majeurs lors de la naturalisation de leurs pères, n'ont pas satisfait aux dispositions de l'article 9 du code civil dans l'année qui a suivi la naturalisation de leurs pères ;

Les enfants majeurs ou mineurs de réintégrés dans la qualité de Français qui, dans l'année qui a suivi la réintégration de leur père, n'ont pas eux-mêmes réclamé la qualité de Français par voie de déclaration (Loi du 14 février 1882);

L'étranger qui, après avoir servi dans la légion étrangère, a conservé sa nationalité d'origine ;

Les enfants majeurs d'étrangers admis à domicile en France. *Les mineurs de ces étrangers* ne sont pas soumis à la déclaration prescrite par le décret du 2 octobre 1888, mais ils sont tenus de faire la déclaration prescrite par la loi du 8 août 1893 s'ils exercent en France une profession, un commerce ou une industrie ;

Les enfants mineurs d'une femme née Française mariée à un étranger, devenue veuve et ayant recouvré la qualité de Française, tant qu'ils n'auront pas souscrit ou qu'on n'aura pas souscrit pour eux la déclaration en vue de leur acquérir la qualité de Français ;

Les orphelins de père et de mère nés en France d'un étranger et d'une mère née Française et mariée à un étranger, tant qu'ils n'auront pas ou qu'on n'aura pas souscrit pour eux la déclaration en vue de leur acquérir la qualité de Français ;

Les Alsaciens-Lorrains qui n'ont pas opté pour la France alors même que leurs pères aient opté pour la nationalité française, ou si mineurs, leurs pères ou tuteurs n'ont pas opté pour eux. Toutefois, ceux-ci peuvent solliciter leur réintégration par application de l'article 18 du Code civil ;

Les enfants de Français naturalisés Suisses, mineurs lors de la naturalisation de leur père, qui ont laissé passer leur vingt-deuxième année sans revendiquer la nationalité française par voie de déclaration.

Pendant leur minorité ces enfants ne sont pas soumis à la déclaration de résidence.

Enfin, d'une manière générale, est soumis à la déclaration tout individu arrivant, résidant (1), venant journellement en France pour y travailler, dont la nationalité française ne lui est pas nettement reconnue par les lois françaises.

L'étranger est tenu de faire sa déclaration en personne et de la signer, sauf le cas de maladie constatée, auquel cas il peut se faire suppléer.

Ne sont pas soumis à la déclaration de résidence :

Les enfants nés de Français en pays étrangers, les naturalisés et réintégrés ;

Les femmes nées Françaises, mariées à des étrangers qui, après veuvage, ont été réintégrées dans leur qualité de Françaises ;

Les enfants nés en France d'un père étranger qui lui-même y est né ;

Les descendants de religionnaires expatriés ; les Alsaciens-Lorrains qui ont opté pour la France dans les délais impartis par le traité de Francfort, du 11 décembre 1871 ;

---

(1) Sont compris dans cette catégorie les membres des missions étrangères, les réfugiés politiques, les étrangers en instance d'admission à domicile, les enfants étrangers placés dans nos écoles, les domestiques des ambassades, légations, nonciature et consulats, les membres d'ordres religieux, etc.

Les anciens sujets sardes originaires de la Savoie et de l'ancien comté de Nice et les habitants des communes de Menton et de Roquebrune, à l'exception, bien entendu, de ceux qui ont opté pour la nationalité italienne ou monégasque dans les conditions prévues par le traité d'annexion de 1860 ou de la convention de 1861 ;

Les enfants mineurs de Français naturalisés Suisses ;

Le personnel du corps diplomatique ou consulaire (1), etc.

Devoirs des maires envers l'autorité supérieure
(Loi du 8 août 1893).

Nous avons indiqué *suprà*, dans nos commentaires de la loi du 8 août 1893, les devoirs des maires envers les assujettis. Il ne s'agit donc ici que de leurs obligations propres et de celles envers l'autorité supérieure.

De même que pour l'application du décret du 2 octobre 1888, la préfecture fournit aux maires les imprimés nécessaires ; ces imprimés, qui restent à la charge des communes, sont payés

(1) Toutefois, les domestiques et autres étrangers attachés au service personnel des membres du corps diplomatique ou consulaire sont soumis à la déclaration de résidence prévue par la loi du 8 août 1893.

sur les fonds dits « cotisations municipales ».

Indépendamment de la tenue du registre d'immatriculation, du répertoire alphabétique et par nationalité et de la délivrance aux étrangers d'un extrait de leur déclaration, les maires sont tenus d'établir et d'adresser du 1er au 5 de chaque mois, en simple expédition pour les communes de l'arrondissement chef-lieu de département et en double expédition pour les autres arrondissements, savoir :

1° États nominatifs, par nationalité (modèles A^1 et A^2) ;

2° État nominatif des étrangers qui ont fait viser leur certificat d'immatriculation pour cause de changement de résidence (modèle B) ;

3° État des étrangers réfractaires signalés au parquet (modèle C^1) ;

4° État des personnes poursuivies en simple police pour contravention à l'article 2 de la loi, avec indication de la condamnation (modèle C^2).

Enfin, les maires ont le devoir de veiller à la stricte exécution de la loi et, en outre, de déférer directement les réfractaires, soit aux tribunaux de simple police (personnes ayant employé des étrangers non munis du certificat d'immatriculation), soit au parquet (étrangers n'ayant pas fait la déclaration dans le délai de huit jours). Ils doivent également exercer une surveillance constante sur les hôteliers, aubergistes et logeurs en garnis, auxquels incombent certaines obligations que nous définissons plus loin. Il est bien entendu que la loi leur confère le droit de déléguer un ou plusieurs commissaires de police pour la réception des déclarations des étrangers.

Des devoirs des préfectures envers le ministère.

Constituer un état civil aux étrangers arrivant en France, c'est sauvegarder à la fois le travail national et la sécurité publique. La solution de ce double problème impose aux préfectures des devoirs multiples. Nous ne retiendrons ici que les obligations qui leur incombent à l'égard du ministère de l'intérieur.

Aux termes des circulaires ministérielles des 2 septembre et 24 octobre 1893, les bureaux des préfectures doivent établir et *adresser chaque mois* au ministère de l'intérieur, savoir :

1° Fiches individuelles établies sur le même modèle (voir plus loin) que celui du décret, sauf la mention « Loi du 8 août 1893 », d'après les déclarations souscrites pendant le mois précédent et portées sur les états A² des maires ;

2° Liste des étrangers décédés ou partis dans le courant du mois écoulé. Cette liste est dressée d'après les états B des maires, sur lesquels figurent également la liste des justiciables du décret. Ces deux listes, bien que portées sur le même état B, devront être distinctes ;

3° Statistique générale numérique des deux catégories d'étrangers (justiciables du décret du 2 octobre et de la loi du 8 août 1893) ;

4° Liste des étrangers admis à domicile, naturalisés ou réintégrés dans la qualité de Français. Cette liste précédera, sur le même état, celle des étrangers qui ont obtenu l'une de ces faveurs et qui étaient assujettis au décret ;

5° État C des réfractaires condamnés en simple police (étrangers justiciables du décret et personnes ayant employé des étrangers non munis d'un extrait d'immatriculation). Cette liste est dressée d'après les états des maires.

Quant aux réfractaires condamnés correctionnellement (art. 3 de la loi), ils sont signalés au ministre par les parquets généraux ;

6° Enfin, les préfectures doivent adresser au ministre de l'intérieur copie des renseignements fournis à l'appui des demandes adressées au ministère de la justice, concernant tout étranger qui sollicite l'admission à domicile, la naturalisation ou la réintégration (Circ. du 21 janv. 1893).

Nota. — En ce qui concerne les fiches dont il est question au § 1, pour éviter de faire double emploi, les bureaux des préfectures s'abstiendront d'en établir de nouvelles pour les étrangers qui ont déjà la leur au ministère de l'intérieur (étranger s'étant déjà conformé au décret, ou changeant de résidence, ou venant à tomber sous le coup de la loi du 8 août 1893). Toutefois, pour permettre au ministère de connaître les déclarations nouvelles, il lui sera adressé mensuellement un état A, établi d'après les états des maires. Ces renseignements sont destinés à compléter les fiches déjà existantes au contrôle général.

Des obligations imposées aux hôteliers, aubergistes et logeurs en garni.

Comme complément aux dispositions du décret du 2 octobre 1888 et de la loi du 8 août 1893, qui imposent aux étrangers arrivant en France l'obligation de souscrire une déclaration de résidence et de la renouveler à chaque changement de domicile, il importe de signaler les obligations auxquelles sont tenus les hôteliers, aubergistes et logeurs en garni.

Aux termes de l'ordonnance du 10 juin 1820 et de l'article 475 du Code pénal, ces industriels doivent tenir un registre spécial sur lequel ils inscrivent de suite et sans aucun blanc, les nom, prénoms, âge, profession ou qualités, nationalité, domicile habituel, dates d'entrée et de sortie de toute personne qui aura couché ou aura simplement passé la nuit dans leurs maisons. Ces renseignements seront préalablement consignés par le voyageur lui-même sur des bulletins qui seront immédiatement et au plus tard dans les vingt-quatre heures, remis ou déposés soit à la mairie, soit aux commissariats, selon les règlements locaux. L'exécution de ces mesures de police incombe au maire dans les communes autres que Paris et Lyon. Dans ces deux dernières villes, ces mesures sont du ressort du préfet de police et du préfet du Rhône pour la ville de Lyon. Le registre dont la tenue appartient aux hôteliers, aubergistes et logeurs en garni sera constamment à la disposition du maire, des adjoints, officiers ou commissaires de police, de tout fonctionnaire ou citoyen commis à cet effet. Tout refus de communication de ce registre et toute infraction aux dispositions ci-dessus est puni d'une amende de 6 à 10 francs, sans préjudice des peines édictées par l'art. 73 (1) du Code pénal et les articles 1952 et 1953 du Code civil.

(1) Art. 73 du code pénal. — « Les aubergistes et hôteliers convaincus d'avoir logé, plus de vingt-quatre heures, quelqu'un qui, pendant son séjour, aurait commis un crime ou délit, seront civilement responsables des restitutions, des indemnités et des frais adjugés à ceux à qui ce crime ou ce délit aurait causé quelque dommage, faute par eux d'avoir inscrit sur leur registre le nom, la profession et le domicile du coupable, sans préjudice de leur responsabilité dans le cas des articles 1952 et 1953 du code Napoléon. »

Art. 1952 du code civil. — « Les aubergistes ou hôteliers sont responsables, comme dépositaires, des effets ap-

Ces mesures de police, rigoureusement exécutées, permettent d'exercer une surveillance constante sur les étrangers, notamment, sur ceux qui ne se sont pas conformés aux formalités de la déclaration de résidence prévue par le décret du 2 octobre 1888 et la loi du 8 août 1893.

Circulaire (Intérieur) du 2 septembre 1893.

« Les termes de l'article 1ᵉʳ de la loi du 8 août 1893 précisent les situations qu'elle a voulu viser.

C'est, quant aux personnes, tous les étrangers qui viennent en France pour y exercer une profession, un commerce ou une industrie.

Il découle de ce texte pour tous les étrangers dont la situation répond à la définition qu'il contient l'obligation de souscrire une déclaration de résidence sans qu'il y ait lieu de tenir compte ni du genre de profession qu'ils comptent exercer ni du plus ou moins de durée de leur séjour en France.

Les dispositions du décret demeurent applicables aux étrangers non admis à domicile, qui se propo-

portés par le voyageur qui loge chez eux; le dépôt de ces sortes d'effets doit être regardé comme un dépôt nécessaire. »

ART. 1953. — « Ils sont responsables du vol et du dommage des effets du voyageur, soit que le vol ait été fait ou que le dommage ait été causé par les domestiques et préposés de l'hôtellerie, ou par des étrangers allant et venant dans l'hôtellerie. »

sent seulement d'établir leur résidence en France sans y exercer une profession, un commerce ou une industrie.

Il devra donc être exigé une nouvelle déclaration de résidence des étrangers qui, s'étant déjà soumis aux formalités édictées par ce décret, sont par leur situation justiciables des dispositions de la loi nouvelle.

Le § 2 de l'article 1er prescrit qu'un extrait du registre d'immatriculation qui devra être tenu dans chaque commune sera délivré au déclarant, dans la forme des actes de l'état civil, moyennant les mêmes droits.

Ces extraits seront frappés, par application des articles 19 de la loi du 13 brumaire an VII et 63 de la loi du 28 avril 1816, d'un droit fixe de timbre de 1 fr. 80.

Indépendamment du droit fixe de timbre dont il vient d'être parlé, les extraits du registre d'immatriculation, seront assujettis, par application du décret du 12 juillet 1807, à un droit de délivrance de 30 ou 50 centimes, selon qu'il s'agit d'une ville ayant plus ou moins de 50 000 habitants.

Les produits du droit de délivrance des extraits d'immatriculation seront attribués à la caisse municipale de la commune où l'étranger aura fait la déclaration de résidence prescrite par l'article 1er de la loi du 8 août 1893.

Quant à la dépense résultant de la confection des

registres d'immatriculation, il y aura lieu de l'imputer au fond des cotisations municipales.

Dans le but d'assurer la bonne tenue de ce registre et de faciliter les recherches, il convient de prescrire aux maires l'établissement d'un *répertoire alphabétique et par nationalité*, des déclarations faites par les étrangers qui se seront conformés aux prescriptions légales.

Enfin, vous confirmant mes instructions télégraphiques du 2 septembre courant, j'estime qu'en présence des difficultés que présente l'exécution initiale des dispositions de la loi, il y aura lieu, avant d'appliquer les sanctions pénales qu'elle édicte, de s'assurer que les étrangers assujettis auront eu, par tous les moyens de publicité désirables, entière connaissance des obligations nouvelles qui leur sont imposées et auront eu le temps de s'y soumettre, etc. »

Circulaire (Intérieur) du 24 octobre 1893.

« Le législateur, dans un but d'équité sociale et de sécurité publique, a voulu constituer un état civil à tous les étrangers qui, sans être admis à domicile, exercent ou se proposent d'exercer en France une profession, un commerce ou une industrie. Mais, en édictant des mesures qui permettront au gouvernement de connaître et de suivre une catégorie importante d'étrangers, le législateur n'a pas entendu abroger, ni même modifier, les dispositions légales antérieurement promulguées, qui règlent la condition des étrangers en France. Parmi ces dispositions, je citerai tout spécialement le décret du 2 octobre 1888, dont l'importance ne doit pas vous échapper. La loi du 8 août 1893 complète le décret du 2 octobre 1888 et je vous recommande, monsieur le préfet, d'appeler l'attention des maires sur la portée des obligations que leur imposent ces deux textes.

La loi du 8 août 1893 est conçue en termes formels et n'admet aucune distinction : elle ne fait acception ni de sexe, ni d'âge, ni de parenté, et s'applique à tous les étrangers non admis à domicile, qui exercent sur notre territoire un commerce, une profession ou une industrie. Vous devez donc inviter les maires à exiger une déclaration individuelle non seulement du père de famille, mais encore de sa femme et de chacun de ses enfants majeurs ou mineurs, si cette femme et ces enfants exercent soit ensemble, soit séparément, une profession, un commerce ou une industrie.

Ces expressions « profession, commerce, industrie » ont un sens très large. Ainsi il n'est pas douteux que la loi s'applique même à tout étranger, artiste, artisan, ouvrier industriel ou agricole, professeur, précepteur, employé, domestique, etc.

Si l'étranger exerçant en France, sans être admis à domicile, « une profession, un commerce, ou une industrie » appartient à un ordre religieux, cette circonstance ne saurait avoir pour effet de le dispenser des formalités prescrites par la loi.

Il va sans dire, d'autre part, que, conformément aux principes du droit international, le personnel du corps diplomatique et consulaire, accrédité auprès du gouvernement français, est dispensé de la formalité de la déclaration de résidence, mais cette immunité ne s'étend pas aux domestiques et serviteurs de l'ambassade ou du consulat.

Pour que ces étrangers soient astreints à la déclaration prévue par la loi, il faut, mais il suffit qu'ils exercent en France leur profession, leur commerce ou leur industrie, sans qu'il y ait lieu de tenir compte de ce fait qu'ils conservent à l'étranger leur domicile ou même leur résidence.

Ainsi des ouvriers étrangers, habitant dans leur pays, viennent chaque jour en France pour travailler dans les usines de nos départements frontières, puis rentrent le soir chez eux : ces ouvriers sont astreints, une fois pour toutes, à la déclaration prescrite par la loi.

D'autres étrangers viennent sur notre territoire pendant une partie de l'année, soit pour exercer un commerce, soit pour exécuter certains travaux, puis retournent dans leurs pays : ces étrangers doivent, chaque fois qu'ils rentrent en France, faire une déclaration nouvelle, alors même qu'ils reviendraient dans une commune où ils auraient précédemment rempli cette formalité. La loi exige, en effet, une déclaration pour chaque séjour distinct.

Les obligations imposées aux étrangers par la loi du 8 août 1893 ne forment pas double emploi avec celles qui résultent du décret du 2 octobre 1888. Ces deux textes se complètent, mais ne se confondent pas. Donc tout étranger, non admis à domicile, doit se conformer aux prescriptions du décret de 1888 et, s'il exerce ultérieurement un commerce, une profession ou une industrie quelconque, il devra remplir les formalités édictées par la loi de 1893.

Si, au contraire, dès son arrivée il exerce un commerce, une profession ou une industrie il n'est assujetti qu'à la déclaration prévue par la nouvelle loi.

Le fonctionnement simultané et en quelque sorte parallèle de la loi de 1893 et du décret de 1888 entraîne des conséquences qu'il importe d'indiquer, en traçant les devoirs des municipalités envers l'administration préfectorale et de celle-ci envers l'administration supérieure.

A l'avenir, les municipalités devront tenir non seulement l'état nominatif et par *nationalité*, mais encore le répertoire sur lequel figureront les déclarations reçues conformément à la loi du 8 août 1893.

Chaque mois, les maires devront sur des états spéciaux et distinctifs, vous adresser :

1° *Relevé nominatif, par nationalité, des déclarations reçues en exécution du décret du 2 octobre 1888;*

2° *Le relevé nominatif, par nationalité, des déclarations reçues en exécution de la loi de 1893.*

Dans les communes où le mouvement des étrangers n'est pas important, les maires pourront juxtaposer ces deux relevés sur la même pièce, sans cependant les confondre sur une même page.

En cas de changement de commune, le § 3 de l'article 1er de la loi du 8 août 1893 prescrit aux étrangers régis par ce texte de faire, dans les deux jours de leur arrivée, viser leur certificat d'immatriculation à la mairie de leur nouvelle résidence.

Les visas délivrés par les maires ou par les commissaires de police délégués seront inscrits comme suit, au verso de l'extrait d'immatriculation présenté par l'étranger :

A satisfait à la loi du 8 août 1893, dans la commune de......................département de..................
Le..................................18.....
Le maire,

et devront être revêtus du cachet de la mairie.

Les étrangers régis par la loi du 8 août 1893 doivent acquitter les droits déterminés par ma circulaire du 2 septembre dernier (1). Un certain nombre de vos collègues m'ont demandé si les

(1) V. page 99.

municipalités pouvaient dispenser les étrangers indigents de l'acquittement de ces droits.

L'octroi de cette faveur serait contraire non seulement au texte de la loi, qui ne fait pas de distinction, mais encore à son esprit tel qu'il ressort des travaux préparatoires et des préoccupations auxquelles le législateur a voulu répondre. C'est le travail national que le législateur a entendu protéger; tous les étrangers qui viennent en France pour travailler, quelle que soit leur condition, sont assujettis aux prescriptions qu'il a édictées dans ce but.

Je ne vois pourtant pas d'inconvénient à ce que les municipalités accordent aux étrangers, hors d'état d'acquitter les droits pourtant modiques qu'entraîne la délivrance de l'extrait, un délai de quelques jours qui concilierait heureusement la rigueur de la loi avec l'intérêt qui s'attache à certaines situations. Mais ces étrangers devront être avertis qu'à l'expiration de ce court délai, faute par eux d'avoir acquitté les droits, ils seront exposés à se voir appliquer les sanctions pénales, inscrites à l'article 3.

Poursuites. — Les sanctions pénales inscrites à l'article 3 de la loi du 8 août 1893 sont de la compétence des tribunaux correctionnels, tandis que la contravention prévue en l'article 2 est de la compétence des tribunaux de simple police.

Il appartiendra aux maires de signaler au procureur de la République de leur ressort les étrangers qui, à l'expiration du délai imparti par la loi de 1893, n'auraient pas satisfait aux obligations qu'elle impose.

Les condamnations prononcées par application de l'article 3 de cette loi parviendront à ma connaissance par la voie des parquets généraux.

Telles sont les mesures qui doivent assurer l'exécution du décret du 2 octobre 1888 et de la loi du 8 août 1893.

Ces deux textes imposent des devoirs nouveaux aux municipalités et à l'administration préfectorale. Vous serez pénétré de leur importance au point de vue de l'ordre social et de la sécurité publique ; et, dans les instructions supplémentaires que vous prendrez soin d'adresser aux maires, vous insisterez sur l'intérêt que j'attache à la stricte observation des règles que je viens de tracer. Je suis convaincu, d'ailleurs, que vous trouverez auprès des municipalités ce concours éclairé et dévoué sur lequel le gouvernement peut toujours compter quand il fait appel à leur collaboration. »

N° —— **RÉPUBLIQUE FRANÇAISE**

DÉPARTEMENT *Commune d*...... ARRONDISSEMENT
d......   de......

Registre d'immatriculation.

En exécution de la loi du 8 août 1893, par-devant nous, maire de la commune d......s'est présenté le sieur :
Nom et prénoms :
Lieu de naissance :
Date de la naissance :
Nationalité :
Fils de
Et de
Marié ou veuf :
Marié à (1)
Enfants (2) : 1.
 2.
 3.
 4.
 5.
 6.
lequel nous a déclaré être arrivé le......dans cette commune pour y exercer (3)
Il a justifié de son identité conformément aux dispositions de l'article 1er de la loi, en produisant à l'appui de sa déclaration (4)

Fait à......, le......189

Cachet   *Signature*   **Le maire,**
de la mairie.   *du déclarant :*

---

(1) Nom, prénoms, âge et nationalité de la femme.
(2) Nom, prénoms, sexe, âge et nationalité de chacun des enfants mineurs.
(3) Indiquer la nature de la profession, du commerce ou de l'industrie que l'étranger compte exercer.
(4) Indiquer la nature des pièces justificatives produites à l'appui de la déclaration.

REGISTRE D'IMMATRICULATION DES ÉTRANGERS.

N°............ **RÉPUBLIQUE FRANÇAISE**

DÉPARTEMENT *Commune d*............ ARRONDISSEMENT
d............ .... de............

Extrait du registre d'immatriculation.
Application de la loi du 8 août 1893.

En exécution de la loi du 8 août 1893, par-devant nous, maire de la commune d............ s'est présenté le sieur :
Nom et prénoms :............
Lieu de naissance :............
Date de la naissance :............
Nationalité :............
Fils de............
et de............
Marié ou veuf :............
Marié à (1)............
Enfants (2) : 1............
    2............
    3............
    4............
    5............
    6............
lequel nous a déclaré être arrivé le............ dans cette commune pour y exercer (3)............
Il a justifié de son identité conformément aux dispositions de l'article 1er de la loi, en produisant à l'appui de sa déclaration (4)

....

Fait à............, le............ 189..

Cachet   **Le maire,**
de la mairie.

---

(1) Nom, prénoms, âge et nationalité de la femme.
(2) Nom, prénoms, sexe, âge et nationalité de chacun des enfants mineurs.
(3) Indiquer la nature de la profession, du commerce ou de l'industrie que l'étranger compte exercer.
(4) Indiquer la nature des pièces justificatives produites à l'appui de la déclaration.

Nota. — Les visas pour cause de changements de résidence devront être inscrits au verso du présent extrait d'immatriculation, avec application du cachet de la mairie.

110   DE LA CONDITION DES ÉTRANGERS EN FRANCE.

Modèle de fiches à établir par les préfectures.

Décret du 2 octobre 1888 et loi du 8 août 1893.

DÉPARTEMENT D..

Commune :..

Nom :..
Prénoms et surnoms :..

Lieu de naissance :..
Date de la naissance :..
Nationalité :..
Fils de..
et de..

        Marié,   veuf   ou   célibataire

Marié à..

Prénom, sexe et âge des enfants mineurs }..

Profession :..
Lieu de résidence :..
Rue et N° :..
Date de la déclaration :..
N° de la déclaration :..
Pièces produites à l'appui :..

CHAPITRE III

DU PRINCIPE DE LA QUALITÉ DE FRANÇAIS ET DES MOYENS D'ACQUÉRIR OU DE PERDRE CETTE QUALITÉ.
(Lois des 26 juin 1889 et 22 juillet 1893.)
FRANCE. — COLONIES. — PROTECTORATS.

Loi du 26 juin 1889 sur la nationalité.

Art. 1ᵉʳ. — Les articles 7, 8, 9, 10, 12, 13, 17, 18, 19, 20 et 21 du code civil sont modifiés ainsi qu'il suit :

« Art. 7. — L'exercice des droits civils est indépendant de l'exercice des droits politiques, lesquels s'acquièrent et se conservent conformément aux lois constitutionnelles et électorales.

» Art. 8. — Tout Français jouira des droits civils.

» Sont Français :

» 1° Tout individu né d'un Français en France ou à l'étranger.

» L'enfant naturel dont la filiation est établie pendant la minorité, par reconnaissance ou par jugement, suit la nationalité de celui des parents à l'égard duquel la preuve a d'abord été faite. Si elle résulte pour le père ou la mère du même acte ou du même jugement, l'enfant suivra la nationalité du père ;

» 2° Tout individu né en France de parents inconnus ou dont la nationalité est inconnue ;

» 3° Tout individu né en France d'un étranger qui lui-même y est né (1) ;

» 4° Tout individu né en France d'un étranger et qui, à l'époque de sa majorité, est domicilié en France, à moins que, dans l'année qui suit sa majorité, telle qu'elle est réglée par la loi française, il n'ait décliné la qualité de Français et prouvé qu'il a conservé la nationalité de ses parents par une attestation en due forme de son gouvernement, laquelle demeurera annexée à la déclaration, et qu'il n'ait en outre produit, s'il y a lieu, un certificat constatant qu'il a répondu à l'appel sous les drapeaux, conformément à la loi militaire de son pays, sauf les exceptions prévues aux traités ;

» 5° Les étrangers naturalisés.

» Peuvent être naturalisés :

» 1° Les étrangers qui ont obtenu l'autorisation de fixer leur domicile en France, conformément à l'article 13 ci-dessous, après trois ans de domicile en France, à dater de l'enregistrement de leur demande au ministère de la justice ;

(1) Modifié par la loi du 22 juillet 1893 (V. plus loin).

» 2° Les étrangers qui peuvent justifier d'une résidence non interrompue pendant dix années ;

» Est assimilé à la résidence en France le séjour en pays étranger pour l'exercice d'une fonction conférée par le gouvernement français ;

» 3° Les étrangers admis à fixer leur domicile en France, après un an, s'ils ont rendu des services importants à la France, s'ils y ont apporté des talents distingués ou s'ils ont introduit soit une industrie, soit des inventions utiles, ou s'ils ont créé soit des établissements industriels ou autres, soit des exploitations agricoles, ou s'ils ont été attachés, à un titre quelconque, au service militaire dans les colonies ou les protectorats français ;

» 4° L'étranger qui a épousé une Française, aussi après une année de domicile autorisé.

» Il est statué par décret sur la demande de naturalisation, après une enquête sur la moralité de l'étranger.

» ART. 9 (1). — Tout individu né en France d'un étranger et qui n'y est pas domicilié à l'époque de sa majorité pourra, jusqu'à l'âge de vingt-deux ans accomplis, faire sa soumission de fixer en France son domicile, et, s'il l'y établit dans l'année à compter de l'acte de soumission, réclamer la qualité de Français par une déclaration qui sera enregistrée au ministère de la justice.

» S'il est âgé de moins de vingt et un ans accom-

---

(1) Modifié par la loi du 22 juillet 1893 (V. plus loin).

plis, la déclaration sera faite en son nom par son père ; en cas de décès, par sa mère ; en cas de décès du père et de la mère ou de leur exclusion de la tutelle, ou dans les cas prévus par les articles 141, 142 et 143 du code civil, par le tuteur autorisé par délibération du conseil de famille.

» Il devient également Français si, ayant été porté sur le tableau de recensement, il prend part aux opérations de recrutement sans opposer son extranéité.

» Art. 10. — Tout individu né en France ou à l'étranger de parents dont l'un a perdu la qualité de Français pourra réclamer cette qualité à tout âge, aux conditions fixées par l'article 9, à moins que, domicilié en France et appelé sous les drapeaux, lors de sa majorité, il n'ait revendiqué la qualité d'étranger.

» Art. 12. — L'étrangère qui a épousé un Français suivra la condition de son mari.

» La femme mariée à un étranger qui se fait naturaliser Français et les enfants majeurs de l'étranger naturalisé pourront, s'ils le demandent, obtenir la qualité de Français, sans condition de stage, soit par le décret qui confère cette qualité au mari, ou au père, ou à la mère, soit comme conséquence de la déclaration qu'ils feront dans les termes et sous les conditions de l'article 9.

» Deviennent Français les enfants mineurs d'un père ou d'une mère survivant qui se font naturaliser Français, à moins que, dans l'année qui suivra leur majorité, ils ne déclinent cette qualité en se conformant aux dispositions de l'article 8, paragraphe 4.

» Art. 13. — L'étranger qui aura été autorisé par décret à fixer son domicile en France y jouira de tous les droits civils.

» L'effet de l'autorisation cessera à l'expiration de cinq années, si l'étranger ne demande pas la naturalisation, ou si sa demande est rejetée.

» En cas de décès avant la naturalisation, l'autorisation et le temps de stage qui a suivi profiteront à la femme et aux enfants qui étaient mineurs au moment du décret d'autorisation.

» Art. 17. — Perdent la qualité de Français :

» 1° Le Français naturalisé à l'étranger ou celui qui acquiert sur sa demande la nationalité étrangère par l'effet de la loi ;

» S'il est encore soumis aux obligations du service militaire pour l'armée active, la naturalisation à l'étranger ne fera perdre la qualité de Français que si elle a été autorisée par le gouvernement français ;

» 2° Le Français qui a décliné la nationalité française dans les cas prévus au paragraphe 4 de l'article 8 et aux articles 12 et 18 ;

» 3° Le Français qui, ayant accepté des fonctions publiques conférées par un gouvernement étranger, les conserve nonobstant l'injonction du gouvernement français de les résigner dans un délai déterminé ;

» 4° Le Français qui, sans autorisation du gouvernement, prend du service militaire à l'étranger, sans préjudice des lois pénales contre le Français qui se soustrait aux obligations de la loi militaire.

» Art. 18. — Le Français qui a perdu sa qualité de Français peut la recouvrer pourvu qu'il réside en France, en obtenant sa réintégration par décret. La qualité de Français pourra être accordée par le même décret à la femme et aux enfants majeurs s'ils en font la demande. Les enfants mineurs du père ou de la mère réintégrés deviennent Français, à moins que, dans l'année qui suivra leur majorité, ils ne déclinent cette qualité, en se conformant aux dispositions de l'article 8, paragraphe 4.

» Art. 19. — La femme française qui épouse un étranger suit la condition de son mari, à moins que son mariage ne lui confère pas la nationalité de son mari, auquel cas elle reste Française. Si son mariage est dissous par la mort du mari ou par le divorce, elle recouvre la qualité de Française, avec l'autorisation du gouvernement, pourvu qu'elle réside en France ou qu'elle y rentre, en déclarant qu'elle veut s'y fixer.

» Dans le cas où le mariage est dissous par la mort du mari, la qualité de Français peut être accordée par le même décret de réintégration aux enfants mineurs, sur la demande de la mère ou par un décret ultérieur, si la demande en est faite par le tuteur avec l'approbation du conseil de famille.

» Art. 20. — Les individus qui acquerront la qualité de Français dans les cas prévus par les articles 9, 10, 18 et 19 ne pourront s'en prévaloir que pour les droits ouverts à leur profit depuis cette époque.

» Art. 21. — Le Français qui, sans autorisation du gouvernement, prendrait du service militaire à l'étranger, ne pourra rentrer en France qu'en vertu d'une permission accordée par décret, et recouvrer la qualité de Français qu'en remplissant les conditions imposées en France à l'étranger pour obtenir la naturalisation ordinaire. »

Art. 2. — La présente loi est applicable à l'Algérie et aux colonies de la Guadeloupe, de la Martinique et de la Réunion.

Continueront toutefois de recevoir leur application, le sénatus-consulte du 14 juillet 1865 et les dispositions spéciales à la naturalisation en Algérie.

Art. 3. — L'étranger naturalisé jouit de tous les droits civils et politiques attachés à la qualité de citoyen français. Néanmoins il n'est éligible aux assemblées législatives que dix ans après le décret de naturalisation, à moins qu'une loi spéciale n'abroge ce délai. Le délai pourra être réduit à une année.

Les Français qui recouvrent cette qualité après l'avoir perdue, acquièrent immédiatement tous les droits civils et politiques, même l'éligibilité aux assemblées législatives.

Art. 4. — Les descendants des familles proscrites lors de la révocation de l'édit de Nantes continueront à bénéficier des dispositions de la loi du 15 décembre 1790, mais à la condition d'un décret spécial pour chaque demandeur. Ce décret ne produira d'effet que pour l'avenir.

Art. 5. — Pour l'exécution de la présente loi, un règlement d'administration publique déterminera : 1° les conditions auxquelles ses dispositions sont applicables aux colonies autres que celles dont il est parlé à l'article 2 ci-dessus, ainsi que les formes à suivre pour la naturalisation dans les colonies ; 2° les formalités à remplir et les justifications à faire relativement à la naturalisation ordinaire et à la naturalisation de faveur, dans les cas prévus par les articles 9 et 10 du code civil, ainsi qu'à la renonciation à la qualité de Français, dans les cas prévus par les articles 8 (paragraphe 4), 12 et 18.

Art. 6. — Sont abrogés les décrets des 6 avril 1809 et 26 août 1811 ; les lois des 22 mars 1849, 7 février 1851, 29 juin 1867, 16 décembre 1874, 14 février 1882, 22 juin 1883, et toutes les dispositions contraires à la présente loi.

Dispositions transitoires.

Toute admission à domicile obtenue antérieurement à la présente loi sera périmée si, dans un délai de cinq années à compter de la promulgation, elle n'a pas été suivie d'une demande en naturalisation, ou si la demande en naturalisation a été rejetée.

La présente loi, délibérée et adoptée par le Sénat et par la Chambre des députés, sera exécutée comme loi de l'État.

Décret du 13 août 1889, pour l'exécution de la loi du 26 juin 1889.

Art. 1er. — L'étranger qui veut obtenir l'autorisation de fixer son domicile en France, conformément à l'article 13 du code civil, doit adresser au ministre de la justice une demande rédigée sur papier timbré, accompagnée de son acte de naissance et de celui de son père, de la traduction de ces actes, s'ils sont en langue étrangère, ainsi que d'un extrait du casier judiciaire français.

Art. 2. — L'étranger qui veut obtenir sa naturalisation doit, dans tous les cas, adresser au ministère de la justice une demande sur papier timbré, en y joignant son acte de naissance, un extrait du casier judiciaire, et, le cas échéant, son acte de mariage et les actes de naissance de ses enfants mineurs, avec la traduction de ces actes, s'ils sont en langue étrangère.

Dans le cas où les intéressés seraient dans l'impossibilité de se procurer les actes de l'état civil dont la production est exigée par le présent décret, ces actes seront suppléés par un acte de notoriété délivré par le juge de paix dans la forme prescrite par l'article 71 du code civil.

Art. 3. — L'étranger qui a épousé une Française doit, s'il veut obtenir la naturalisation après une année de domicile autorisé, produire l'acte de naissance de sa femme et l'acte de naissance du père de celle-ci, si cet acte est nécessaire pour établir son origine française.

Art. 4. — L'étranger qui sollicite la naturalisation immédiate, après une résidence non interrompue pendant dix ans, doit joindre à sa demande les documents établissant qu'il réside actuellement en France et depuis dix années au moins.

Art. 5. — La femme et les enfants majeurs de l'étranger qui demande à devenir Français, soit par la naturalisation ordinaire, soit par la réintégration, doivent, s'ils désirent obtenir eux-mêmes la qualité de Français, sans condition de stage, par application des articles 12 et 18 du code civil, joindre leur demande de naturalisation à la demande faite par le mari, par leur père ou par la mère.

Dans les cas de naturalisation de faveur prévus par les articles 9 et 10 du code civil, la demande est jointe à la déclaration faite par le mari, le père ou la mère.

Art. 6. — Les déclarations souscrites soit pour acquérir, soit pour répudier la qualité de Français, sont reçues par le juge de paix du canton dans lequel réside le déclarant.

Elles peuvent être faites par procuration spéciale et authentique.

Elles sont dressées en double exemplaire sur papier timbré.

Le déclarant est assisté de deux témoins qui certifient son identité; il doit produire à l'appui de sa déclaration toutes les justifications nécessaires, en y joignant son acte de naissance et, le cas échéant, son acte de mariage et les actes de naissance de ses enfants mineurs, avec la traduction de ces actes, s'ils sont en langue étrangère.

En cas de résidence à l'étranger, les déclarations sont reçues par les agents diplomatiques ou par les consuls.

Art. 7. — Les deux exemplaires de la déclaration et les pièces justificatives sont immédiatement adressées par le juge de paix au procureur de la République, qui les transmet, sans délai, au ministre de la justice.

Art. 8. — La déclaration est transcrite à la chancellerie sur un registre spécial; l'un des exemplaires est déposé dans les archives, l'autre renvoyé à l'intéressé avec la mention de l'enregistrement.

La déclaration enregistrée prend date du jour de sa réception par le juge de paix.

Art. 9. — Lorsqu'un individu né en France d'un étranger, et domicilié hors de France à l'époque de sa majorité, veut faire sa soumission de fixer en France son domicile dans les conditions prévues par l'article 9 du code civil, cet acte de soumission est reçu par un des agents diplomatiques ou consulaires de France à l'étranger. Il est dressé en double exemplaire ; l'un est remis à l'intéressé, l'autre transmis immédiatement au ministre de la justice par la voie hiérarchique.

Art. 10. — L'individu né en France de parents dont l'un a perdu la qualité de Français, et qui réclame cette qualité en vertu de l'article 10 du code civil, doit établir quel était son domicile et celui de ses parents à l'époque de sa majorité, telle qu'elle est fixée par la loi française.

Art. 11. — La renonciation du mineur à la faculté qui lui appartient, par application des articles 8 (§ 4), 12 et 18 du code civil, de décliner, à sa majorité, la qualité de Français, est faite en son nom par les personnes désignées dans l'article 9 (§ 2) du code civil.

Loi du 22 juillet 1893, modifiant l'article 8 (§ 3) et l'article 9 du code civil, relativement aux déclarations à effectuer en vue d'acquérir ou de décliner la nationalité française.

Art. 1er. — Le paragraphe 3 de l'article 8 du code civil est ainsi modifié :

« Est Français. . . . .

» 3° Tout individu né en France de parents étrangers dont l'un y est lui-même né, sauf la faculté pour lui, si c'est la mère qui est née en France, de décliner dans l'année qui suivra sa majorité, la qualité de Français, en se conformant aux dispositions du paragraphe 4 ci-après.

» L'enfant naturel pourra, aux mêmes conditions que l'enfant légitime, décliner la qualité de Français quand le parent qui est né en France n'est pas celui dont il devrait, aux termes du § 1er, 2e alinéa, suivre la nationalité. »

Art. 2. — Les individus auxquels l'article 8, § 3 modifié, réserve la faculté de réclamer la qualité d'étrangers et qui auront leur majorité à l'époque de la promulgation de la présente loi, pourront réclamer cette qualité en remplissant les conditions prescrites dans le délai d'un an à partir de cette promulgation.

Art. 3. — L'article 9 du code civil est modifié ainsi qu'il suit :

Tout individu né en France d'un étranger et qui n'y est pas domicilié à l'époque de sa majorité, pourra, jusqu'à l'âge de vingt-deux ans accomplis, faire sa soumission de fixer en France son domicile, et, s'il l'y établit dans l'année à compter de l'acte de soumission, réclamer la qualité de Français par une déclaration qui sera, *à peine de nullité*, enregistrée au ministère de la justice.

L'enregistrement sera refusé s'il résulte des

pièces produites que le déclarant n'est pas dans les conditions requises par la loi, sauf à lui à se pourvoir devant les tribunaux civils, dans la forme prescrite par les articles 855 et suivants du code de procédure civile.

La notification motivée du refus devra être faite au réclamant dans le délai de deux mois à partir de sa déclaration.

L'enregistrement pourra en outre être refusé, pour cause d'indignité, au déclarant qui réunirait toutes les conditions légales ; mais, dans ce cas, il devra être statué, le déclarant dûment avisé, par décret rendu sur l'avis conforme du conseil d'État, dans le délai de trois mois à partir de la déclaration, ou, s'il y a eu contestation, du jour où le jugement qui a admis la réclamation est devenu définitif.

Le déclarant aura la faculté de produire devant le conseil d'État des pièces et des mémoires.

A défaut des notifications ci-dessus visées dans les délais sus-indiqués, et à leur expiration, le ministre de la justice remettra au déclarant, sur sa demande, une copie de sa déclaration, revêtue de la mention de l'enregistrement.

La déclaration produira ses effets du jour où elle aura été faite, sauf l'annulation qui pourra résulter du refus d'enregistrement.

Les règles relatives à l'enregistrement prescrites par les §§ 2 et 3 du présent article sont applicables aux déclarations faites en vue de décliner la nationalité française, conformément à l'article 8, §§ 3 et 4, et aux articles 12 et 18.

Les déclarations faites, soit pour réclamer, soit pour décliner la qualité de Français, doivent, après enregistrement, être insérées au *Bulletin des Lois*. Néanmoins, l'omission de cette formalité ne pourra pas préjudicier aux droits des déclarants.

Si l'individu qui réclame la qualité de Français est âgé de moins de vingt et un ans accomplis, la déclaration sera faite en son nom par son père ; en cas de décès, par sa mère ; en cas de décès du père et de la mère ou de leur exclusion de la tutelle, ou dans les cas prévus par les articles 141, 142 et 143 du code civil, par le tuteur autorisé par délibération du conseil de famille.

Il devient également Français si, ayant été porté sur le tableau de recensement, il prend part aux opérations du recrutement sans opposer son extranéité.

Qui est Français?

Les lois des 26 juin 1889 et 22 juillet 1893, auxquelles le lecteur se reportera, spécifiant les catégories d'individus qui possèdent la qualité de Français, nous n'estimons pas devoir énumérer à nouveau ici ce que ces lois ont nettement défini. Il importe cependant de bien établir la catégorie d'individus qui sont Français sous condition résolutoire.

En principe, avec la nouvelle législation, *est Français* tout individu né en France (1) de parents étrangers dont l'un y est lui-même né. Mais si c'est la mère qui est née en France, il aura le droit de décliner la qualité de Français, dans l'année qui suivra sa majorité, par une déclaration souscrite devant le juge de paix du canton, et enregistrée à la chancellerie. Si, au contraire, c'est le père qui est né en France, l'enfant est irrévocablement Français et ne pourra décliner cette qualité par voie de déclaration.

D'autre part, les enfants nés en France de père et mère étrangers, et qui ne sont pas domiciliés en France à l'époque de leur majorité, pourront, jusqu'à l'âge de vingt-deux ans, faire leur soumission de fixer leur domicile en France, et, s'ils l'y établissent dans l'année à compter

---

(1) Sont exceptés les enfants des agents diplomatiques et consulaires qui conservent la nationalité de leurs parents. Toutefois est Français l'enfant né en France d'agents diplomatique ou consulaire qui lui-même y est né. Si c'est la mère qui est seule née en France, l'enfant pourra répudier la qualité de Français.

de l'acte de soumission, réclamer la qualité de Français par une déclaration devant le juge de paix et enregistrée à la chancellerie. Le gouvernement pourra refuser l'enregistrement de cette déclaration pour cause d'indignité ; mais dans ce cas il devra être statué, le déclarant dûment avisé, par décret rendu sur l'avis conforme du conseil d'État, dans le délai de trois mois à partir de la date de la déclaration. L'intéressé aura la faculté de produire devant le conseil d'État tels pièces et mémoires qu'il jugera utile (V. art. 9 du code civ. modifié par la loi du 22 juillet 1893). Devra être considéré comme Français celui qui, né en France de parents étrangers et domicilié en France à sa majorité, n'aura pas fait de déclaration de répudiation de cette qualité. Sont étrangers non seulement les individus nés à l'étranger de père et de mère étrangers, mais encore tous ceux qui, nés Français, ont perdu pour un motif quelconque la qualité de Français, et ceux auxquels nos lois refusent cette qualité.

Quant aux individus nés en France d'un père étranger et d'une mère née Française qui, déjà majeurs lors de la promulgation de la loi du 22 juillet 1893, n'auraient pas répudié la qualité de Français avant le 22 juillet 1894, ils sont devenus irrévocablement Français quel que fût le lieu de leur résidence en France ou à l'étranger au moment de l'expiration du délai d'un an que la loi leur accordait pour revendiquer leur nationalité d'origine.

Perdent la qualité de Français (1).

L'article 17 de la loi du 26 juin 1889 énumère les cas de perte de la qualité de Français, qui sont au nombre de quatre, non compris la femme française qui épouse un étranger (art. 19) et le cas de cession de territoire à l'étranger.

Perdent la qualité de Français : 1° le Français

(1) Tout Français qui désire résider ou accepter des fonctions à l'étranger devra, pour ne pas perdre sa qualité de Français, demander préalablement et obtenir l'autorisation du gouvernement français. A cet effet, il produira au préfet de son département : 1° une demande sur timbre; 2° une déclaration faite devant le maire du lieu de sa résidence en France, faisant connaître les causes qui l'obligent à résider à l'étranger; 3° un avis motivé sur le mérite de la demande émis par le maire qui a reçu la déclaration. Le préfet transmettra, avec son avis, le dossier au ministre de l'intérieur, qui statuera. (Ordonn. du 24 février 1832 et Circ. (Int.) du 6 juin 1877.)

naturalisé à l'étranger (1) ou celui qui acquiert sur sa demande la nationalité étrangère par l'effet de la loi. S'il est encore soumis aux obligations du service militaire pour l'armée active, la naturalisation à l'étranger ne fera perdre la qualité de Français que si elle a été autorisée par le gouvernement français;

2° Le Français qui a décliné la nationalité française dans les cas prévus au paragraphe 4 de l'article 8 et aux articles 12 et 18 (2);

3° Le Français qui, ayant accepté des fonctions publiques conférées par un gouvernement étranger, les conserve nonobstant l'injonction du gouvernement français de les résigner dans un délai déterminé;

(1) Si la perte de la qualité de Français résulte de la naturalisation en pays étranger reconnu par la France, elle ne découle pas du simple fait de résider dans un pays ou colonie étrangers, bien même que cette résidence attribuerait à l'intéressé les mêmes droits et avantages des sujets de ce pays.

Ainsi, par exemple, un Français résidant dans une colonie anglaise et y jouissant des privilèges attribués aux sujets anglais restera Français, s'il n'a obtenu sur sa demande expresse la nationalité anglaise.

D'ailleurs, en thèse générale, notre législation ne permet pas d'aliéner la qualité de Français avant l'âge de 21 ans révolus.

(2) V. l'art. 8, § 4, p. 112; l'art. 12, p. 114 et l'art. 18, p. 161.

4° Le Français qui, sans autorisation du gouvernement, prend du service militaire à l'étranger, sans préjudice des lois pénales contre le Français qui se soustrait aux obligations de la loi militaire.

Ces divers anciens Français peuvent, sur leur demande, avec pièces justificatives à l'appui, être réintégrés dans leur qualité de Français; sont seuls exceptés de cette faculté les individus qui, sans autorisation du gouvernement français, auront pris du service militaire à l'étranger (1). Ces derniers doivent recourir à la naturalisation et remplir toutes les conditions qui sont imposées inclusivement aux étrangers. (V. *Naturalisation, Formalités à remplir* et *Pièces à produire.*)

Le mineur qui servirait dans une armée étrangère ne perd pas sa qualité de Français, alors même qu'après sa majorité il continuerait à servir à l'étranger. En France, il serait considéré comme réfractaire s'il ne répondait pas à l'appel. Perdent au contraire, aux termes de la

(1) Les Français qui ont pris du service militaire à l'étranger ne peuvent rentrer en France qu'en vertu d'une autorisation accordée par décret. (Loi du 26 juin 1889, art. 21.)

loi du 28 mai 1852, leur qualité de Français, ceux qui se livrent au commerce ou sont propriétaires d'esclaves.

La résidence à l'étranger, quelle qu'en soit la durée, pour la direction d'un commerce, d'une industrie ou d'une exploitation agricole, ne saurait motiver la déchéance de la qualité de Français. Celui-là même qui aura accepté des fonctions publiques à l'étranger, ne perdra la qualité de Français que s'il refuse péremptoirement de résilier ces fonctions. D'autre part, l'expression « fonctions publiques » n'étant pas nettement définie, l'intéressé conservera toujours la faculté d'en référer aux tribunaux civils français pour faire décider si les fonctions qu'il exerce à l'étranger rentrent ou non dans la catégorie des fonctions dites « publiques » et si, nonobstant l'injonction du gouvernement, il perd sa qualité de Français en les conservant.

Nota. — La répudiation de la qualité de Français implique un effet rétroactif, c'est-à-dire que l'individu devra être considéré, dès l'acte de répudiation accompli, comme s'il n'avait jamais eu la faculté de devenir Français.

Peuvent, par anticipation acquérir la nationalité française.

D'une manière générale, tout individu né en France de parents étrangers, qu'il soit ou non domicilié en France, peut, par anticipation, c'est-à-dire avant l'époque de sa majorité, en vertu d'une déclaration souscrite devant le juge de paix par ses représentants légaux (1), et enregistrée à la chancellerie, réclamer la qualité de Français. Cette qualité lui sera définitivement acquise dès que la chancellerie aura enregistré la déclaration. Si, au contraire, l'enregistrement était refusé, il pourra se pourvoir devant les tribunaux civils dans la forme prescrite par les articles 855 et suivants du code de procédure civile (2).

(1) Les représentants légaux sont : le père, la mère en cas de décès du père; et en cas de décès du père et de la mère, le tuteur; ce dernier ne pourra légalement agir qu'après avoir été autorisé par une délibération du conseil de famille.

(2) Art. 855. — « Celui qui voudra faire ordonner la rectification d'un acte de l'état civil présentera requête au président du tribunal de première instance. »

Art. 856. — « Il y sera statué par rapport et sur les conclusions du ministère public. Les juges ordonneront, s'ils

Le ministère de la justice devra notifier le refus d'enregistrement au réclamant dans le délai de deux mois à partir de la date de déclaration. (V. *Des Déclarations.*)

Fils de femme française mariée à un étranger, et qui ne perd pas sa qualité de Française.

Alors que la femme française mariée à un étranger qui ne lui confère pas sa nationalité (1), reste Française (art. 19 du code civ.), les enfants de cette femme nés à l'étranger sont étrangers. Mais si ces enfants sont nés en France, ils seront Français à moins qu'ils ne revendiquent la nationalité de leur père, dans l'année qui suivra leur

l'estiment convenable, que les parties intéressées seront appelées, et que le conseil de famille sera préalablement convoqué. — S'il y a lieu d'appeler les parties intéressées, la demande sera formée par exploit, sans préliminaire de conciliation. — Elle le sera par acte d'avoué, si les parties sont en instance. »

Art. 857. — « Aucune rectification, aucun changement, ne pourront être faits sur l'acte; mais les jugements de rectifications seront inscrits sur les registres par l'officier de l'état civil, aussitôt qu'ils lui auront été remis : mention en sera faite en marge de l'acte réformé; et l'acte ne sera plus délivré qu'avec les rectifications ordonnées, à peine de tous dommages-intérêts contre l'officier qui l'aurait délivré. »

(1) Tel est le cas des Françaises mariées à des Anglais.

majorité, par déclaration souscrite devant le juge de paix et enregistrée à la chancellerie.

Fils d'un Français qui a perdu la qualité de Français.

Le fils majeur ou mineur d'un Français qui a perdu la qualité de Français peut, *à tout âge*, et quel que soit le lieu de sa naissance, réclamer cette qualité par déclaration (1) souscrite devant le juge de paix, à moins que, domicilié en France et appelé sous les drapeaux, lors de sa majorité, il n'ait revendiqué la nationalité étrangère. Dans ce cas il ne pourra recourir qu'à la naturalisation ordinaire pour devenir Français, c'est-à-dire en passant d'abord par l'admission à domicile. (V. *Naturalisation.*)

Ainsi les fils — mais *non les petits-fils* — d'un ex-Français ou d'une ex-Française, nés (2) à l'étranger, peuvent réclamer la qualité de Français, sous forme de simple déclaration. Les jus-

---

(1) S'il est mineur, la déclaration devra être souscrite par les représentants légaux.
(2) S'ils sont nés en France, et domiciliés en France à leur majorité, ils sont Français de plein droit.

tifications à faire à cet égard varient selon que le déclarant est fils d'un père qui a perdu la qualité de Français ou d'une mère qui a perdu la qualité de Française. Il doit être produit, dans les deux cas, l'acte de naissance et l'acte de mariage des père et mère; et, s'il est fils d'une ex-Française, il représentera, en outre, l'acte de naissance ou de mariage de son grand-père maternel. Dans l'hypothèse où il ne ressortirait pas de ces pièces la preuve de la nationalité des parents, il y aurait lieu d'exiger la production de toutes autres pièces pouvant la justifier.

Quant à l'individu né en France d'un ex-Français, il ne peut être admis à souscrire une déclaration de nationalité que s'il n'était pas domicilié en France à l'époque de sa majorité. (V. art. 10 du décret du 13 août 1889.)

Fils de femme divorcée.

ART. 19, § 3. — Dans le cas où le mariage est dissous par la mort du mari, la qualité de Français peut être accordée par le même décret de réintégration aux enfants mineurs sur la demande de la mère ou par un décret ultérieur, si la demande en est faite par le tuteur avec l'approbation du conseil de famille.

L'interprétation stricte de cette disposition ne permettrait aux enfants de devenir Français que sur la demande de leur mère ou de leurs représentants légaux. Nous pensons, au contraire, que la règle commune aux fils d'étrangers nés en France doit leur être appliquée.

Nous estimons donc que les fils d'une femme née Française, devenue étrangère par son mariage et divorcée, peuvent, s'ils sont nés en France, devenir Français par simple déclaration devant le juge de paix, souscrite par eux dans leur vingt-deuxième année. Du vivant de leur père, s'ils sont mineurs, cette déclaration ne pourra être souscrite que par ce dernier ou par les représentants légaux. Mais si le père est décédé, les enfants mineurs ou majeurs nés en France ou à l'étranger pourront acquérir la qualité de Français soit par le même décret de réintégration dans la qualité de Française de leur mère, soit par décret spécial, soit enfin, s'ils sont nés et domiciliés à l'étranger, par acte de soumission souscrit devant un agent diplomatique ou consulaire français, dans leur vingt-deuxième année, en vue de la déclaration qu'ils auront à souscrire en France devant le juge de paix, dans l'année qui suivra la date de l'acte de soumission.

Femme née Française mariée à un étranger.

La femme née Française qui épouse un étranger devient étrangère. Si son mariage est dissous par la mort du mari ou le divorce, elle pourra recouvrer la qualité de Française si elle réside en France, ou si elle déclare qu'elle veut s'y fixer. A cet effet, elle devra introduire auprès du ministre de la justice une demande de réintégration dans les conditions ordinaires. (V. *Réintégration* et *Pièces à fournir.*)

Les enfants mineurs (1) deviendront Français, sur la demande de la mère, par le même décret de réintégration. Cette femme restera étrangère, bien qu'habitant la France, si elle ne remplit pas ces formalités.

(1) Les enfants majeurs ne peuvent devenir Français que par la naturalisation.

Femme étrangère qui épouse un Français.

La femme suivant la condition de son mari, l'étrangère qui épouse un Français devient Française et garde cette qualité, même après le décès de son mari. Mais l'étrangère mariée à un étranger qui se fait naturaliser Français, ne deviendra Française que si elle le demande (art. 12 du code civil modifié). Les enfants majeurs eux-mêmes, s'ils le demandent, peuvent également acquérir cette qualité sans condition de stage, soit par le décret qui confère la qualité de Français à leur père, soit comme conséquence de la déclaration qu'ils feront devant le juge de paix.

Quant aux enfants mineurs, ils sont Français, quel que soit le lieu de leur naissance, à moins que, dans l'année qui suivra leur majorité, ils ne déclinent cette qualité devant le juge de paix par une déclaration enregistrée au ministère de la justice. S'ils ne souscrivent pas cette déclaration ou s'ils prennent part aux opérations du recrutement sans exciper de leur extranéité en produisant régulièrement enregistrée la déclaration précitée, ils sont et restent Français.

Les enfants mineurs nés à l'étranger d'une étrangère, veuve d'un étranger, qui devient Française par son mariage, conservent leur nationalité d'origine ; ils ne peuvent acquérir la qualité de Français que par voie de naturalisation ; tandis que le fils mineur né à l'étranger d'un père étranger et d'une mère née Française et mariée à un étranger peut, s'il réside en France à sa majorité, acquérir la qualité de Français par simple déclaration devant le juge de paix de sa résidence.

Devient également Français, sauf faculté de répudiation à sa majorité, l'enfant naturel mineur né d'une femme étrangère qui le reconnaît après avoir acquis la nationalité française en épousant un Français.

Femme séparée de corps et de biens.

La femme séparée de corps et de biens d'avec son mari par jugement d'un tribunal civil français ou étranger, ne peut solliciter la naturalisation française que munie de l'autorisation de justice ; sa naturalisation lui sera exclusivement personnelle et n'influera aucunement sur la nationalité de ses enfants mineurs. D'autre part, si elle n'est pas investie de la puissance maternelle, elle ne pourra souscrire aucune déclaration au profit de ses enfants nés en France.

Femme et fils de naturalisés ou de réintégrés.

La femme et les enfants majeurs d'un étranger qui se fait naturaliser Français peuvent, s'ils le demandent, obtenir la qualité de Français, sans conditions de stage, soit en vertu du décret qui confère cette qualité au mari ou au père, ou à la mère, soit en souscrivant une déclaration devant le juge de paix dans les conditions prévues à l'article 9 du code civil modifié (Loi du 22 juillet 1893).

Quant aux enfants mineurs d'un père ou d'une mère survivants qui se sont fait naturaliser Français, ils sont Français (1); néanmoins, ils conservent la faculté de décliner cette qualité, dans l'année qui suit leur majorité, en souscri-

(1) La réciprocité n'est pas péremptoirement admise et l'enfant mineur d'un Français qui s'est fait naturaliser étranger ne saurait être *de plano* considéré comme étranger.

vant une déclaration devant le juge de paix du canton. S'ils ne remplissent pas cette formalité, ou si, ayant été portés sur les tableaux de recensement, ils prennent part aux opérations de recrutement sans opposer leur extranéité d'origine, ils sont irrévocablement Français.

Les enfants majeurs d'un naturalisé devenus Français sur leur demande, sont inscrits sur les tableaux de recensement de la première classe appelée et suivent le sort de la classe à laquelle ils appartiennent par leur âge.

L'acquisition de la qualité de Français est, pour les enfants mineurs, la conséquence naturelle de la naturalisation de leur auteur, mais ils peuvent s'affranchir de cette conséquence en usant de la faculté de répudiation que la loi leur réserve.

Le bénéfice de cette disposition n'est pas applicable au cas où la mère se ferait naturaliser seule du vivant de son mari et par exemple à la suite de son divorce.

Les enfants mineurs du réintégré bénéficient de l'acquisition de la qualité de Français par le chef de la famille dans les mêmes conditions que les enfants mineurs du naturalisé. Ils deviennent Français de plein droit sous réserve de la faculté de répudiation. En thèse générale, il n'y a pas à distinguer entre la naturalisation ou la réintégration du père et celle de la mère, sauf, en ce qui concerne celle-ci, l'exception résultant du paragraphe 2 de l'article 19, ainsi conçu :

« Dans le cas où le mariage est dissous par la mort du mari, la qualité de Français *peut être accordée* par le même décret aux enfants mineurs, sur la demande de la mère ou par un décret ultérieur, si la demande est faite par le tuteur avec l'approbation du conseil de famille. »

Lorsqu'une femme française a perdu cette qualité par le fait de son mariage avec un étranger, elle peut recouvrer sa nationalité d'origine par un décret de réintégration après la dissolution de son mariage (divorce). Mais si cet événement a pour cause la mort du mari, la réintégration de la mère devenue veuve n'assurera pas de plein droit à ses enfants mineurs la qualité de Français. Pour l'acquérir, ils devront être expressément compris sur la demande de la mère dans le décret de réintégration, ou faire ultérieurement l'objet d'un décret spécial, si la demande en est faite par le tuteur autorisé par le conseil de famille.

Fils d'étrangers nés sur mer à bord de navires français.

Ni la loi du 26 juin 1889, ni celle du 22 juillet 1893, n'ont prévu le cas des individus fils de parents étrangers nés sur mer à bord de navires français.

Par suite, les dispositions des articles 59, 60 et 61 du code civil restent en vigueur, et ces enfants seront Français, soit définitivement, soit sous condition résolutoire.

Seront *définitivement Français* les enfants nés sur mer à bord de navire portant pavillon français, si le père était lui-même né en France.

Pourront, au contraire, décliner la qualité de Français, à l'époque de leur majorité, ceux d'un père étranger et d'une mère née en France.

Mais s'ils laissent passer leur majorité sans

faire devant le juge de paix la déclaration de répudiation de la qualité de Français, ou s'ils prennent part aux opérations de recrutement sans exciper de leur extranéité, ils resteront Français.

D'autre part, les individus fils de père et mère étrangers, nés sur mer à bord de navires français, pourront, même s'ils ne résident pas en France à l'époque de leur majorité, faire leur soumission de fixer leur domicile en France et, s'ils l'y établissent dans l'année à compter de l'acte de soumission, réclamer la qualité de Français par une déclaration devant le juge de paix et enregistrée à la chancellerie. Ils satisferont dans ce cas aux obligations militaires en France avec la première classe appelée, c'est-à-dire qu'ils bénéficieront d'une année et n'auront à accomplir que deux années de service.

Quant aux enfants naturels, adultérins ou incestueux nés dans les conditions qui précèdent, ils seront Français, sauf le cas où la filiation serait établie pendant leur minorité par acte de reconnaissance ou par jugement. (V. *Enfants naturels, adultérins et incestueux.*)

Enfants adoptifs.

Aux termes des articles 346 et 348 du code civil, l'adoption ne peut avoir lieu que du consentement formel des parents naturels. Par suite, les enfants adoptifs conservent à la fois leur filiation naturelle et leur nationalité d'origine, c'est-à-dire qu'un enfant né de parents français et adopté par un étranger reste Français. Si cet enfant est né en France de parents étrangers et adopté par un étranger, il conservera la faculté d'acquérir la qualité de Français en souscrivant une déclaration devant le juge de paix dans l'année qui suivra sa majorité.

D'autre part, si cet enfant est né en France d'un père étranger et d'une mère née française, et adopté par des étrangers, il restera Français à moins que, dans l'année qui suivra sa majorité, il ne revendique par une déclaration souscrite devant le juge de paix, la nationalité de son père légitime. En aucun cas la nationalité du père d'adoption n'influe en rien sur la nationalité de l'enfant adoptif.

Enfants naturels (1), *adultérins et incestueux.*

Tout individu né en France de parents inconnus est Français.

Toutefois si la filiation de l'enfant naturel vient à être établie pendant sa minorité par acte de reconnaissance ou par jugement, cet enfant suivra la nationalité du parent à l'égard duquel la preuve a d'abord été faite. Si elle résulte pour le père ou la mère du même acte ou du même jugement, cet enfant suivra la nationalité du père. Si le parent dont l'enfant doit suivre la nationalité est né en France, il est irrévocablement Français. Si le parent né en France ne reconnaît l'enfant qu'en second lieu, il conservera la faculté de répudiation à l'époque de sa majorité, mais il restera Français, s'il ne fait pas la déclaration de répudiation devant le juge de

(1) L'enfant naturel suit la nationalité de celui de ses parents à l'égard duquel, pendant sa minorité, sa filiation a été d'abord établie. La preuve de cette filiation doit résulter, soit d'une reconnaissance, soit d'un jugement. Quant à l'acte de naissance, la législation n'en a pas fait mention parce que cet acte ne fait pas, *à lui seul*, preuve de l'état de l'enfant (Cass. 29 novembre 1856). Il ne peut même pas être invoqué comme commencement de preuve par écrit pour être admis à la recherche de la maternité (Cass. 28 mai 1810).

paix ou si, prenant part aux opérations de recrutement, il n'excipe pas de son extranéité et ne prouve qu'il a conservé sa nationalité d'origine par une déclaration faite devant le juge de paix et enregistrée régulièrement au ministère de la justice.

Les enfants adultérins et incestueux sont considérés, au point de vue de la nationalité, comme les enfants naturels ou de parents inconnus. S'ils sont déclarés en France, à leur naissance, ils sont et restent Français. Si la filiation est par suite établie par jugement pendant la minorité, le jugement devra prévoir le cas de la nationalité et la définir. A notre avis, ces enfants devront rester Français, quelle que soit leur filiation.

L'enfant né hors mariage, dont la filiation n'a pas été établie pendant sa minorité par reconnaissance ou par jugement, se trouve encore, bien que sa mère ait été désignée dans l'acte de naissance, assimilé à l'enfant né de parents inconnus, et régi comme tel par le numéro 2 § 1 de l'article 8 du code civil, car, pour que l'enfant soit qualifié né de parents inconnus, il n'est pas nécessaire que l'existence de ceux-ci soit ignorée, il suffit que sa filiation, quoique notoire en fait, n'ait été établie, ni légalement, ni judiciairement. La loi néglige dans ce cas la filiation pour ne considérer que la naissance et déclare Français de plein droit sans option l'individu de cette catégorie né en France. Il est donc Français tant qu'il reste dans cette situation ; mais cette situation peut changer avant sa majorité, sa filiation peut être établie, il suivra alors la nationalité du parent qui l'aura le premier reconnu, ou à l'égard duquel la preuve aura d'abord été faite ; si ce parent (père ou mère, peu importe), est étranger, l'enfant deviendra étranger. Il serait peut-être excessif de le déclarer Français de plein droit par ce fait qu'il peut cesser de l'être avant d'avoir atteint sa majorité. En réalité si la filiation n'est pas établie judiciairement ou si l'un des parents ne l'a pas reconnu, il restera Français.

Fils d'agents diplomatiques ou consulaires nés en France.

L'article 8 de la loi du 26 juin 1889 n'est pas

applicable aux enfants des agents diplomatiques ou consulaires qui conservent la nationalité de leurs parents, bien que nés en France. Néanmoins, ils conservent la faculté de souscrire, devant le juge de paix du canton de leur résidence, la déclaration (1) en vue d'acquérir la qualité de Français dans l'année qui suivra leur majorité, telle qu'elle est fixée par la loi française; ils peuvent donc, s'ils le désirent, devenir Français par une simple déclaration qui devra, pour être valable, être enregistrée au ministère de la justice.

Mais l'enfant né en France d'un agent diplomatique ou consulaire qui lui-même y est né est Français sans condition résolutoire. Si c'est la mère qui est née en France, l'enfant pourra répudier la qualité de Français par voie de déclaration devant le juge de paix.

(1) L'enfant de parents étrangers, né à l'étranger dans *un hôtel d'ambassadeur français* ne peut être admis au bénéfice de l'article 9 du code civil, c'est-à-dire qu'il ne peut être admis à souscrire la déclaration réglementaire en vue de devenir Français.

Descendants des anciennes familles proscrites.

Sous l'empire de la loi du 15 décembre 1790, les descendants, à quelque degré que ce fût, d'un Français ou d'une Française expatriés pour cause de religion, étaient déclarés naturels français et jouissaient des droits attachés à cette qualité par le seul fait qu'ils revenaient en France, y fixaient leur domicile et prêtaient le serment civique. Les enfants mineurs ne pouvaient bénéficier de cette disposition qu'avec le consentement écrit et authentique de leur père, mère ou tuteur.

La loi du 26 juin 1889, article 4, maintient dans leur ensemble les dispositions de la loi précitée, mais elle spécifie, en outre, qu'un décret spécial pour chaque descendant devra intervenir.

Dans ces conditions, les descendants des familles proscrites sont tenus, pour être réintégrés dans la qualité de Français, de formuler une demande appuyée de toutes les pièces justificatives nécessaires. Le décret ne produira d'effet que pour l'avenir.

Savoisiens et Monégasques.

Quant à la nationalité des sujets de pays annexés (Savoie, comté de Nice, communes de Menton et de Roquebrune) et des pays cédés (Alsace-Lorraine), les traités intervenus entre les gouvernements respectifs règlent les conditions et formalités spéciales à remplir pour l'acquisition, la conservation ou la perte de la qualité de Français. Il en est de même des sujets annexés ou cédés à la suite de rectification de frontière.

Bien que cette question sorte du cadre restreint de cet ouvrage, qui traite spécialement des étrangers arrivant ou résidant en France, qui désirent acquérir la qualité de Français, nous dirons incidemment :

Qu'en ce qui concerne les sujets originaires des États Sardes domiciliés ou résidant en Savoie et dans l'ancien comté de Nice à l'époque de l'annexion, le traité de Turin du 24 mars 1860, article 6, spécifie que « les sujets sardes originaires de la Savoie et de l'arrondissement de Nice, ou domiciliés actuellement dans ces provinces, qui entendent conserver la nationalité sarde, jouiront, pendant l'espace d'un an, à partir de l'échange des ratifications et moyennant une déclaration préalable faite à l'autorité compétente, de la faculté de transporter leur domicile en Italie, et de s'y fixer, auquel cas la qualité de citoyen sarde leur sera maintenue ».

Cet article est formel, les sujets originaires des États Sardes, domiciliés en Savoie ou dans l'ancien comté de Nice, étant tenus, pour conserver leur nationalité sarde, d'accomplir la double formalité de la déclaration et du transfert de leur domicile en Italie.

Sont donc restés étrangers ceux de ces sujets sardes qui, après avoir souscrit la déclaration, ont transféré leur domicile en Italie dans le délai imparti par le traité d'annexion et doivent par suite être soumis, s'ils résident ou viennent en France, aux formalités édictées par la loi du 8 août 1893 ou par le décret du 2 octobre 1888. (V. *Commentaires de la loi de 1893 et du décret de 1888.*)

Tous ces individus et leurs enfants, nés avant l'annexion ne peuvent maintenant acquérir la qualité de Français que par voie de naturalisation. Les enfants mineurs au moment de l'annexion (1) ont suivi la nationalité de leurs parents. Mais les enfants d'un père ou d'une mère nés en France à l'époque où la Savoie et le comté de Nice appartenaient à la France peuvent invoquer le bénéfice des articles 8, 9 et 10 du code civil modifié par la loi du 22 juillet 1893, c'est-à-dire devenir Français à tout âge par voie de déclaration devant le juge de paix, alors même qu'ils seraient nés à l'étranger, et qu'ils y résideraient, à la condition, bien entendu, de faire, préalablement, leur soumission et de venir fixer effectivement leur domicile en France.

Quant aux enfants nés en France depuis 'annexion, de parents italiens, ils rentrent dans les conditions ordinaires et peuvent devenir Français par voie de déclaration devant le juge de paix, par anticipation ou à l'époque de leur majorité.

(1) D'après la jurisprudence pratiquée par notre chancellerie, « un enfant mineur au moment de l'annexion, né dans une des localités annexées, d'un père né en Piémont et domicilié à l'étranger au moment de l'annexion, est considéré comme irrévocablement Français, ne pouvant en raison de sa minorité revendiquer sa qualité d'origine ».

La situation des habitants des communes de Menton et de Roquebrune a été réglée par la convention du 2 février 1861, intervenue entre le gouvernement français et S. A. S. le prince de Monaco. Ces habitants, de même que ceux des anciens États Sardes annexés à la France, étaient tenus, pour conserver leur qualité de sujets monégasques, d'en faire la déclaration et de transférer leur domicile réel dans la principauté dans le délai d'un an à partir de la ratification de la convention. Néanmoins, le gouvernement français a autorisé à résider à Menton et à Roquebrune les sujets monégasques qui, après avoir revendiqué cette qualité, en ont exprimé le désir.

D'autre part, nous citerons pour mémoire, et bien qu'infirmée, l'interprétation donnée à l'article 8, paragraphe 3, de la loi du 26 juin 1889, par la cour de cassation et la chancellerie en ce qui concerne les anciens sujets sardes et de la principauté de Monaco cédés à la France par les traités des 24 mars 1860 et 2 février 1861.

La cour de cassation, par arrêt du 7 décembre 1891, a décidé :

« Attendu qu'il résulte des dispositions de l'article 1er de la loi du 7 février 1851, combiné avec la loi du 16 décembre 1874, qu'il faut tenir comme Français tout individu né en France d'un étranger qui lui-même y est né; que rien, dans ce texte, n'indique qu'il soit nécessaire que les père et mère soient, l'un et l'autre, nés en France ou que ce soit le père plutôt que la mère qui remplisse cette condition ; que, dès lors, on ne saurait refuser à l'individu né en France d'une mère qui y est née également le droit de réclamer la qualité de Français. »

Consultée sur cette interprétation, la chancellerie a répondu le 18 novembre 1892 :

« D'une façon générale vous me priez de vous faire connaître si l'interprétation ci-dessus doit s'appliquer aux jeunes gens nés en France d'un père étranger et d'une mère née dans une commune qui faisait alors partie, soit de l'ancien comté de Nice, soit de la principauté de Monaco, et qui a été depuis rétrocédée à la France par le traité du 24 mars 1860 ou le traité du 2 février 1861.

» Par trois arrêts, en date des 7 décembre 1883, 25 février et 22 avril 1890, la cour de cassation a décidé, dans des termes qui donnent à ces arrêts le caractère d'arrêts de principe, que les cessions de territoire *n'emportaient aucun effet rétroactif* et que l'on ne pouvait plus considérer comme ayant toujours appartenu à la nation qui les détenait actuellement les territoires devenus Français ou étrangers à la suite des traités de paix. Par suite, on ne peut reconnaître la qualité de Français, en vertu de l'article 8 paragraphe 3 du code civil, à l'individu né en France d'un père né à l'étranger et d'une mère née dans une commune qui ne faisait pas encore partie de la France lorsqu'elle y est née; la mère dans ce cas est née non en France mais à l'étranger.

» Quant aux individus nés en France d'un père ou d'une mère nés dans le comté de Nice ou la Savoie à l'époque où ces provinces avaient été réunies une première fois à la France, c'est-à-dire entre le 15 mai 1796 et le 30 mai 1814, ils sont Français par application des mêmes principes et en vertu de la loi du 7 février 1831, s'ils n'ont pas répudié cette qualité dans l'année de leur majorité telle qu'elle est réglée par la loi française, comme étant nés en France d'un père ou d'une mère nés également en France. »

Nota. — *Le paragraphe 3 de l'article 8 modifié par la loi du 22 juillet 1893, réserve aux individus nés en France d'un père étranger et d'une mère née Française, la faculté de décliner la qualité de Français dans l'année qui suivra leur majorité. La décision ministérielle et l'arrêt de la cour de cas-*

sation ci-dessus se trouvent donc infirmés par la nouvelle disposition légale.

Alsaciens-Lorrains.

Le traité de paix du 10 mai et la convention de Francfort du 11 décembre 1871 ont déterminé les formalités à remplir par les Alsaciens-Lorrains pour conserver leur qualité de Français.

Les habitants avaient la faculté d'opter pour la France jusqu'au 1er octobre 1872.

Afin de ne raviver aucun douloureux souvenir, nous n'examinerons pas les détails de l'application du traité et nous dirons seulement que, pour nous, sont restés Français :

1° Tous ceux qui ont opté pour la France dans le délai imparti et qui ont transféré leur domicile en France, ainsi que leurs enfants mineurs, alors même que ces derniers n'auraient pas été compris dans la déclaration d'option du père, de la mère ou de leurs représentants légaux ;

2° Tous ceux qui, nés Français hors d'Alsace-Lorraine, habitaient ces provinces lors de la cession, ainsi que leurs enfants majeurs ou mineurs, nés hors d'Alsace-Lorraine, *sans être tenus d'accomplir la formalité d'option*;

3° Les enfants mineurs nés en Alsace-Lorraine entre le 20 mai 1871 et le 1ᵉʳ octobre 1872, de parents Français, nés hors d'Alsace-Lorraine, et pour lesquels les parents ont opté (1).

Se basant sur l'article additionnel de la convention intervenue ultérieurement au traité de paix, l'Allemagne considère aussi comme Allemands :

1° Les enfants mineurs pour lesquels il n'a pas été fait de déclaration d'option et bien même

---

(1) S'ils viennent en France ils peuvent recouvrer la qualité de Français par voie de déclaration devant le juge de paix.

Notre chancellerie confère, même aux individus majeurs nés en Alsace-Lorraine *après le 20 mai 1871* d'un père devenu Allemand par l'annexion, la faculté d'acquérir la qualité de Français en souscrivant devant le juge de paix du canton de leur résidence, avec l'assistance de deux témoins, la déclaration prévue par l'article 10 du code civil. Pareille déclaration peut être souscrite au nom d'individus mineurs nés en Alsace-Lorraine après le 20 mai 1871 par leur père, en cas de décès de celui-ci par leur mère, et en cas de décès de l'un et de l'autre par le tuteur dûment autorisé par le conseil de famille.

Pièces à produire en pareil cas : Acte de naissance; acte de naissance ou de mariage du père et du grand-père paternel, original et traduction.

qu'ils aient suivi leurs parents en France ;

2° Tous ceux qui, bien que *nés hors d'Alsace-Lorraine*, majeurs ou mineurs, émancipés ou non, y résidaient lors de la cession, à moins qu'ils n'aient fait la déclaration d'option et transféré leur domicile en France dans le délai imparti.

En présence de ces deux systèmes pratiqués par les deux gouvernements, et du principe adopté par l'Allemagne qui n'a pas reconnu aux mineurs émancipés le droit d'option, *nous ne considérerons comme étrangers* que les Alsaciens-Lorrains, nés et domiciliés dans ces provinces, de parents qui eux-mêmes y étaient nés et qui y étant domiciliés lors de la cession, n'ont pas opté ni transféré leur domicile en France.

Ceux-là seuls, considérés comme étrangers par nous, aux termes du traité de paix, seront soumis, s'ils viennent ou résident en France, aux formalités édictées par la loi du 8 août 1893 et par le décret du 2 octobre 1888. (V. *Commentaires de la loi de 1893 et du décret de 1888.*)

Au point de vue politique et électoral, les Alsaciens-Lorrains qui ont opté pour la France sont soumis aux mêmes conditions que tous les Français pour leur inscription sur les listes électorales et leur éligibilité aux fonctions électives ou autres. Lors de la cession, leur inscription sur les listes électorales a été effectuée sans condition de résidence.

Individu né en France d'un père né sur un territoire aujourd'hui étranger mais alors français.

L'individu né en France d'un père né sur un territoire actuellement étranger, mais alors que ce territoire appartenait à la France doit être considéré comme né en France d'un père qui lui-même y est né, c'est-à-dire Français sans faculté de répudiation possible, les traités de 1814 et la loi du 14 octobre de la même année ne pouvant ni ne devant être interprétés dans un sens rétroactif (Cass. : 7 décembre 1883, 25 février et 22 avril 1890). En effet, la loi du 14 octobre 1814 a seulement reconnu que les habitants des provinces séparées de la France avaient perdu leur qualité de Français par l'effet des traités de démembrement et leur accorde une naturalisation de faveur ; mais elle n'a pu supprimer les conséquences du fait matériel de la naissance sur le sol français. D'autre part, les fils de ces mêmes individus, nés à l'étranger peuvent, s'ils résident en France, ainsi que leurs enfants mineurs nés étrangers acquérir la qualité de Français par voie de déclaration devant le juge de paix. Par contre, toute déclaration de répudiation de la qualité de Français qui pourrait être faite en pareil cas devant les juges de paix serait nulle de plein droit.

Colonies et protectorats.

A l'exception de l'Algérie (1), de la Guadeloupe, la Martinique et la Réunion, où les lois

---

(1) Il est à remarquer que les dispositions du sénatus-consulte du 14 juillet 1865 (art. 1 et 2) restent applicables à l'Algérie :

« Les indigènes musulmans et israélites, qui sont régis par la loi musulmane ou par leur statut personnel, sont Français; ils peuvent servir dans les armées de terre et de mer et occuper des fonctions ou des emplois civils en Algérie ; ils peuvent, en outre, être admis à jouir de tous les droits de citoyen français et sont alors régis par les lois civiles et politiques de la France, sur leur simple demande déposée au maire ou au chef de bureau arabe du district, qui la transmet au ministre de la justice par l'intermédiaire du gouverneur général, qui donne son avis. »

D'autre part, l'étranger de toute nation qui justifie de trois années de résidence en Algérie, peut être admis à la grande naturalisation française sur sa demande et les droits

sur la nationalité sont applicables dans les mêmes conditions que dans la métropole (V. *Naturalisation*), rien de bien précis n'a été édicté pour les autres colonies ou protectorats français. Nous ajouterons même que la loi du 29 juin 1868, sur les naturalisations, qui était, d'une manière générale, applicable à nos colonies de la Guyane, Sénégal, Saint-Pierre et Miquelon, Gabon, Mayotte, Nossi-Bé, etc., a été abrogée par la loi du 26 juin 1889, actuellement en vigueur et que, par suite, ces colonies et protectorats (Tunisie, Annam, Siam, Madagascar, Gambier, Comores, Tuamotou, etc.), ne sont régis par aucune disposition légale.

Il est vrai, d'une part, que l'article 5 de la loi du 26 juin 1889 prévoit un règlement d'administration publique pour l'application de cette loi; ce règlement, paru le 13 août de la même année, est muet en ce qui concerne les colonies

---

de sceau seront d'un franc seulement au lieu de 175 fr. 25. Nous ajoutons que le temps passé en France compte dans la durée des années de séjour. Ainsi, un étranger qui aura habité la France pendant deux ans sans interruption et qui se rendra directement en Algérie pourra, après une année de résidence dans la colonie, demander la naturalisation française sans passer par l'admission à domicile.

et protectorats. D'autre part, l'article 8, paragraphe 3 du code civil modifié, spécifie bien que « peuvent être naturalisés après un an, les étrangers admis à fixer leur domicile *en France*, qui ont été attachés, à un titre quelconque, au service militaire dans les colonies ou protectorats ». Mais cette distinction ne paraît viser que les indigènes de ces colonies et protectorats, à l'exclusion des étrangers qui, à notre avis, ne sauraient se prévaloir, en l'état actuel de la législation, de leur résidence dans ces colonies et protectorats pour obtenir, soit l'admission à domicile, soit la naturalisation, alors même qu'ils y rempliraient les conditions de stage exigées. En résumé, l'Algérie, la Guadeloupe, la Martinique et la Réunion exceptées, qui sont soumises aux lois de la métropole, les autres colonies ou protectorats font l'objet de lois ou de décrets spéciaux.

Actuellement les Taïtiens et étrangers à Taïti sont régis par la loi du 30 décembre 1880; les premiers sont considérés comme nationaux et les étrangers peuvent obtenir la naturalisation extracontinentale après un an de séjour.

Le décret du 25 mai 1881 régit les habitants de la Cochinchine (Annamites indigènes, protégés cambodgiens et étrangers) ; les premiers sont nationaux, les protégés cambodgiens peuvent obtenir la naturalisation extracontinentale après un an de séjour en Cochinchine, et enfin les étrangers après trois ans de séjour, moyennant un droit de 100 francs.

Le décret du 29 septembre 1881 régit les Indes françaises ; tout Hindou peut devenir Français sur simple déclaration, moyennant un droit de trente centimes. Mais dans la Nouvelle-Calédonie, il est exigé des étrangers un séjour de trois ans, plus un droit de 100 francs (Décret du 10 novembre 1882).

La loi du 29 juin 1867 ayant été abrogée par la loi du 26 juin 1889, et aucune disposition légale ne visant à ce jour la Guyane, le Gabon, Mayotte, Nossi-Bé, Obock, Sainte-Marie-de-Madagascar, Saint-Pierre et Miquelon, le Sénégal, etc., les habitants étrangers de ces colonies ne peuvent obtenir la naturalisation française que par voie d'analogie avec les autres colonies pour lesquelles des dispositions légales sont intervenues; c'est-à-dire, la naturalisation extraordinaire après un an de séjour, et la naturalisation ordinaire après trois ans. Le décret du 29 juillet 1887 régit les protectorats de la Tunisie, de l'Annam et du Tonkin dont les habitants peuvent obtenir la naturalisation après un ou trois ans de séjour. Faute de dispositions légales, nous estimons que les indigènes des protectorats, autres que ceux indiqués ci-dessus, doivent être admis, d'une manière générale, au bénéfice de la naturalisation extracontinentale dans des conditions analogues.

Sujets anglais, belges, espagnols, suisses.

Nous avons examiné plus haut la situation faite par les traités d'annexion ou de cession aux anciens sujets sardes et monégasques et aux Alsaciens-Lorrains.

Les conventions intervenues entre le gouvernement français et les gouvernements des pays limitrophes (Angleterre, Belgique, Espagne et Suisse), qui déterminaient certains cas particuliers, notamment pour l'accomplissement des obligations militaires, se trouvant complétées par notre nouvelle législation sur la nationalité, il ne nous paraît pas utile de les retenir dans leur ensemble.

En ce qui concerne l'*Angleterre* où le *jus soli* fixe le principe de la nationalité, et où le service militaire n'est pas obligatoire, la convention a eu pour but de régler la situation de ceux des jeunes gens qui, d'origine anglaise, sont nés en France ; savoir :

1° D'un père né en France et d'un grand-père né en Angleterre ;

2° D'un père né en pays tiers et d'un grand-père né en Angleterre ;

3° D'un père né en Angleterre.

En thèse générale, ceux de ces jeunes gens de la première catégorie sont, aux termes de l'article 8, paragraphe 3, du code civil modifié par la loi du 22 juillet 1893, irrévocablement Français, sans condition résolutoire.

Quant à ceux des deuxième et troisième catégories auxquels la loi du 22 juillet 1893 réserve, comme à tout autre sujet d'origine étrangère, la faculté de répudier la qualité de Français à l'époque de leur majorité, leur est toujours applicable la convention internationale qui leur prescrit la production d'un certificat délivré par les autorités britanniques attestant de leur nationalité anglaise.

En ce qui concerne les *sujets d'origine belge*, notre législation actuelle étant en parfaite harmonie avec la législation de ce pays, il nous paraît superflu d'examiner les difficultés auxquelles avait donné lieu l'application du traité de 1814, et qui avaient motivé la convention du 30 juillet 1891 et le décret du 31 décembre suivant.

Nous dirons de même pour les sujets espagnols d'origine française et *vice versa* qui étaient régis par les conventions consulaires du 7 janvier 1862 et 2 mai 1892, et les décrets du 7 janvier 1862 et 12 juillet 1892, les lois du 26 juin 1889 et 22 juillet 1893 aplanissant toutes les difficultés qui avaient nécessité les conventions internationales dont il s'agit.

Quant aux sujets d'origine française ou suisse qui peuvent indifféremment, soit acquérir, soit répudier l'une des deux nationalités, les dispositions prévues dans les nombreuses conventions conclues entre les deux gouvernements se trouvent infirmées, ou pour mieux dire complétées par notre nouvelle législation. Nous ne retiendrons de toutes ces conventions que la plus importante ; celle du 23 juillet 1879 (1), que nous

(1) Cette convention est ainsi conçue :
Art. 1er. — « Les individus dont les parents, Français d'origine, se font naturaliser Suisses et qui sont mineurs au moment de cette naturalisation, auront le droit de choisir, dans le cours de leur vingt-deuxième année, entre les deux nationalités française et suisse. Ils seront considérés comme Français jusqu'au moment où ils auront opté pour la nationalité suisse. »
Art. 2. — « L'option pour la nationalité suisse résultera d'une déclaration faite par l'intéressé devant l'*autorité municipale* française ou suisse du lieu de sa résidence. Si l'intéressé ne réside ni sur le territoire français ni sur le territoire suisse, il pourra faire cette déclaration devant les agents diplomatiques ou consulaires de l'un ou de l'autre État. Il pourra se faire représenter par un mandataire pourvu d'une procuration spéciale et légalisée. — Ceux qui n'auront pas effectué cette déclaration dans le cours de leur vingt-deuxième année, seront considérés comme ayant définitivement conservé la nationalité française. »
Art. 3. — « Les jeunes gens à qui est conféré ce droit d'option ne seront pas astreints au service militaire en France avant d'avoir accompli leur vingt-deuxième année. Toutefois ils pourront, sur leur demande, remplir avant leur majorité leurs obligations militaires, ou s'engager dans l'armée française, à la condition de renoncer à leur droit pour la nationalité suisse. Cette renonciation devra être faite par les intéressés avant le consentement de leurs représentants légaux, dans les formes et devant les mêmes autorités que les déclarations d'option. »
Art. 4. — « Toute déclaration d'option ou de renonciation

reproduisons en note, et aux termes de laquelle la déclaration d'acquisition ou de répudiation de la qualité de citoyen français ou de citoyen suisse est faite, non devant le juge de paix, mais devant le maire du lieu de la résidence en France ou en Suisse. Partout ailleurs cette déclaration est reçue par les agents diplomatiques ou consulaires de l'un ou de l'autre État. Ces déclarations doivent toujours être transmises à la chancellerie par l'intermédiaire du préfet pour les maires, et du ministre des affaires étrangères dans les autres cas.

au droit d'opter sera communiquée à l'autre gouvernement par celui qui l'aura reçue. »

Modèle d'une déclaration d'option pour la nationalité suisse.

Cette déclaration doit être faite sur un registre spécial et copie en sera immédiatement adressée par le maire qui l'aura reçue au préfet, qui la transmettra au ministre de l'intérieur.
(Convention franco-suisse du 23 juillet 1879 et circ. du 24 mars 1881 [1].)

Le (jour, mois et année), par-devant nous (nom et prénoms du maire), maire de la commune de............
canton de............
arrondissement de............

(En l'absence du maire, nom et prénoms de l'adjoint, mentionner l'empêchement du maire.)

A comparu le sieur (nom et prénoms du déclarant), né à............ canton de............ arrondissement de............ département de............
fils de............ et de............
lequel nous a déclaré :

Que son père (ou sa mère veuve) ayant obtenu la naturalisation suisse par acte du gouvernement fédéral en date du............, il entend user de la faculté qui lui est accordée par l'article 1er de la convention du 23 juillet 1879 et opter, en conséquence, pour la nationalité suisse.

Et a le déclarant signé avec nous.

1. Circ. du 24 mars 1881, relative à l'application de la convention franco-suisse, du 23 juillet 1879. *Extrait :* « Monsieur le préfet, les maires sont appelés à concourir à cette exécution dans les conditions suivantes :
« Les individus dont les parents, Français d'origine, obtiendront la naturalisation suisse et qui seront mineurs au moment de cette naturalisation, auront le droit de choisir, dans le cours de leur vingt-deuxième année, entre les deux nationalités française et suisse. Ils seront réputés Français jusqu'à ce qu'ils aient opté pour la nationalité suisse.
« La déclaration d'option doit être faite devant l'autorité municipale du lieu de leur résidence. Ils peuvent se faire représenter pour cet acte par un mandataire pourvu d'une procuration spéciale et légalisée.
« C'est aussi le maire du lieu de la résidence qui doit recevoir la déclaration par laquelle l'intéressé renoncerait au droit d'option pour la nationalité suisse, en vue d'être admis à remplir, avant sa majorité, ses obligations militaires ou à s'engager dans l'armée française. Cette renonciation ne peut être faite par l'intéressé qu'avec le consentement de ses représentants légaux. — Les enfants mineurs des Français déjà naturalisés Suisses avant la mise en vigueur de la convention sont admis, dans les mêmes conditions, à renoncer à la nationalité suisse qu'ils avaient acquise, conformément aux lois de la confédération. S'ils déclarent dans le cours de leur vingt-deuxième année leur intention de conserver cette nationalité, ils cesseront, en France, d'être considérés comme Français. — Ceux d'entre eux qui ont atteint leur vingt-unième année avant la mise en vigueur de la convention pourront faire la même déclaration dans le délai d'un an, à partir du 11 juillet 1880, date de la publication de la convention en France.
« Ces déclarations devront être consignées sur un registre déposé à la mairie. Le maire aura à vous transmettre une copie certifiée conforme des déclarations qu'il aura reçues, et vous me les adresserez immédiatement, après avoir légalisé la signature, sous le timbre : Direction départementale et communale. »

Modèle d'une déclaration de renonciation à l'option de nationalité.

<small>Cette déclaration doit être faite sur un registre spécial et copie en sera immédiatement adressée par le maire au préfet, qui la transmettra au ministre de l'intérieur.
(Convention franco-suisse du 23 juillet 1879 et circulaire du 24 mars 1881.)</small>

Par-devant nous (nom et prénoms du maire), maire de la commune de................ canton de................ arrondissement de................
(En cas d'absence du maire, nom et prénoms de l'adjoint, mentionner l'empêchement du maire.)

A comparu le sieur (nom et prénoms du déclarant), né à................ canton de................ arrondissement de................ département de................ fils (nom et prénoms du père) et de (nom et prénoms de la mère) lequel nous a déclaré :

Que son père (ou sa mère veuve) a obtenu la naturalisation suisse par acte du gouvernement fédéral en date du................ mais qu'étant dans l'intention de se soumettre, dès à présent, aux obligations de la loi militaire française, il renonce, avec le consentement de (représentants légaux : père, mère ou tuteur), dont il a justifié devant nous, à la faculté qui lui est accordée par l'article 1er de la convention du 23 juillet 1879.

Et a le déclarant signé avec nous.

Modèle du certificat qui sera délivré par l'ambassadeur de France en Suisse aux Français qui ont opté ou opteront pour la nationalité suisse.

M. (nom et prénoms)..
né le..
à..
domicilié à..
canton de..(Suisse)
fils de..
natif de la commune de..
département de................................(France), citoyen de la
commune de..
canton de................(Suisse), depuis le................
a, aux termes de la convention conclue le 23 juillet 1879 entre la Suisse et la France, déclaré *opter pour la nationalité suisse et renoncer à la nationalité française.*

Cette déclaration d'option a été communiquée officiellement à l'ambassade de France en Suisse le................
En conséquence et conformément aux dispositions de l'article 1er de la convention sus-mentionnée (voir *Journal officiel de la République française* du 11 juillet 1880), M................
....

a cessé d'être Français et est devenu exclusivement citoyen suisse.

Des devoirs du juge de paix et du maire en matière de nationalité.

Jusqu'à la promulgation de la loi du 26 juin 1889 et du décret du 13 août suivant, les juges de paix n'intervenaient pas dans les déclarations faites en vue d'acquérir ou de répudier la qualité de Français. Conformément aux dispositions de l'ancien article 9 du code civil, ces déclarations étaient alors reçues par les maires. Il n'en est plus de même aujourd'hui.

Avec la nouvelle législation en vigueur, toute déclaration de nationalité doit être faite devant le juge de paix du canton de la résidence de l'intéressé. Les agents diplomatiques et consulaires à l'étranger peuvent bien recevoir les actes de soumission en vue d'acquérir la qualité de Français, mais non la déclaration elle-même de nationalité qui ne peut être reçue que par le juge de paix.

Les déclarations peuvent être faites par mandataires en vertu de procuration spéciale et authentiques; elles doivent toujours être dressées en double et sur timbre, les déclarants assistés de deux témoins certifiant leur identité. Le juge de paix adressera immédiatement les *deux* exemplaires de toute déclaration, avec les pièces justificatives à l'appui (1), au chef du parquet du ressort, qui la transmettra sans délai au ministre de la justice où elle sera inscrite sur un registre spécial ; l'un de ces deux exemplaires est conservé dans les archives de la chancellerie et l'autre est renvoyé à l'intéressé avec la *mention* de l'enregistrement. Toute déclaration non enregistrée au ministère de la justice est frappée de nullité. L'enregistrement en pourra être refusé par le ministre dans deux cas : 1° si le déclarant n'est pas dans les conditions requises ; 2° pour cause d'indignité.

On trouvera plus loin les modèles des diverses déclarations ainsi que la circulaire explicative du ministère de la justice en date du 28 août 1893.

Le maire ne devra donc, en aucun cas, recevoir des déclarations de nationalité. Une excep-

---

(1) Acte de naissance et, s'il y a lieu, acte de mariage et actes de naissance des enfants mineurs avec la traduction, s'ils sont en langue étrangère, acte de procuration, etc.

tion est faite à cette règle générale et impérative : le maire continuera, comme par le passé, à recevoir la déclaration d'option pour la nationalité suisse des enfants de Français qui se sont fait naturaliser Suisses. Mais le juge de paix recevra les déclarations de répudiation des enfants de Suisses naturalisés Français. (V. *Sujets suisses.*)

En ce qui concerne les devoirs du maire pour la police des étrangers arrivant ou résidant en France, le lecteur se reportera à nos commentaires sur l'application du décret du 2 octobre 1888 et de la loi du 8 août 1893. Le maire peut toujours déléguer un commissaire de police pour la réception des déclarations des étrangers.

Les déclarations en vue de réclamer ou de décliner la nationalité française.

(Articles 9 et 10 du code civil nouveau.)

Jusqu'à la promulgation des lois des 26 juin 1889 et 22 juillet 1893, les déclarations en vue de réclamer ou de décliner la qualité de Français étaient faites dans les mairies. Désormais ces déclarations sont reçues par le juge de paix du canton dans lequel réside le déclarant ; elles peuvent être faites par mandataires en vertu de procuration spéciale et authentique ; elles sont dressées sur papier timbré et en double exemplaire. Le déclarant devra être assisté de deux témoins qui certifient son identité ; il produira à l'appui de sa déclaration, outre les justifications nécessaires, son acte de naissance, et, le cas échéant, son acte de mariage et les actes de naissance de ses enfants mineurs, avec la traduction de ces actes s'ils sont en langue étrangère.

Le juge de paix adresse immédiatement les deux exemplaires de la déclaration au chef du parquet du ressort (1) qui à son tour les transmet, sans délai, au ministre de la justice qui inscrit, s'il y a lieu, la déclaration sur un registre spécial de sa chancellerie, en conserve un exemplaire et adresse l'autre à l'intéressé.

(1) La circulaire du 28 août 1893 prescrit aux chefs de parquet d'adresser *tous* les mois, *du 1er au 10 de chaque mois*, au ministre de la justice, un état indiquant par ordre de date, les déclarations de nationalité reçues par les juges de paix du ressort.

Toute déclaration qui n'aurait pas été enregistrée au ministère de la justice est frappée de nullité.

Le ministre ne pourra refuser l'enregistrement que dans deux hypothèses : 1° si le déclarant n'est pas dans les conditions requises par la loi ; 2° pour cause d'indignité. Dans le premier cas le refus sera notifié à l'intéressé, qui aura la faculté de soumettre le litige aux tribunaux civils dans le délai de deux mois à partir de la date de la déclaration. Si le délai de deux mois expire sans que le refus ait été signifié, le déclarant sera en droit d'exiger du ministre la remise du double de sa déclaration et la preuve que la formalité essentielle de l'enregistrement a été accomplie.

L'instance devant le tribunal civil, en cas de refus, sera introduite par simple requête présentée au président du tribunal, et il sera statué sur le rapport d'un juge, le ministère public entendu dans ses conclusions. Si la réclamation du déclarant est admise, l'enregistrement est opéré sur le vu du jugement ou de l'arrêt. Si elle est rejetée, le refus de l'enregistrement devient définitif et le déclarant reste étranger. Ce dernier est alors tenu, s'il réside en France, de se conformer immédiatement aux formalités de déclaration imposées par la loi du 8 août 1893 s'il exerce une profession, un commerce ou une industrie, ou par le décret du 2 octobre 1888, s'il réside en France pour son agrément ou sa santé.

En ce qui concerne le refus pour cause d'indignité paragraphes 4, 5 et 6 de l'article 9 du code civil nouveau, il a paru indispensable, tout en respectant, en principe, le système de déclaration, d'armer le gouvernement contre l'intrusion d'individus dont la conduite passée est une menace pour l'ordre, pour la moralité et pour la sécurité publiques.

Le refus d'enregistrement pour cause d'indignité ne peut être prononcé que par décret, rendu sur l'avis conforme du conseil d'État. Le décret devra intervenir dans le délai de trois mois à partir de la déclaration ou, s'il y a eu contestation devant les tribunaux civils, du jour où le jugement qui a admis la réclamation est devenu définitif. Le déclarant doit être avisé du renvoi de l'affaire à l'examen du conseil d'État, car, bien que la matière ne soit pas contentieuse, la loi, pour sauvegarder la liberté de la défense, permet de produire des pièces et des mémoires.

Toute déclaration en vue d'acquérir la nationalité française devra être accompagnée du casier judiciaire du déclarant, et, lorsqu'il sera nécessaire, d'un rapport circonstancié du juge de paix et de l'avis du chef du parquet.

Sont admis à souscrire la déclaration tous les individus nés en France ou dans l'une de nos colonies de parents étrangers.

Pour les enfants mineurs la déclaration, pour réclamer comme pour décliner la qualité de Français, devra être souscrite par le père; en cas de décès du père, par la mère; si tous les deux sont décédés ou exclus de la tutelle, ou encore dans les cas prévus par les articles 141, 142 et 143 du code civil, le tuteur autorisé par délibération du conseil de famille; dans tous les cas l'acte de mariage des parents devra être produit, ainsi que les actes de naissance des enfants mineurs. La personne qui souscrira la déclaration renoncera, au nom des mineurs, au droit de décliner notre nationalité à l'époque de leur majorité. Ces enfants prennent part au tirage au sort avec les jeunes gens de leur âge, c'est-à-dire à vingt ans révolus.

Pour les enfants nés en France d'étrangers et résidant à l'étranger au moment de leur majorité, la déclaration pour réclamer la qualité de Français pourra être souscrite, jusqu'à l'âge de *vingt-trois ans accomplis*. La loi accorde, en effet, à l'intéressé un premier délai qui expire avec sa vingt-deuxième année pour souscrire l'acte de soumission, et la date de cet acte marque le point de départ d'un second délai d'un an pour l'établissement effectif du domicile en France et pour la déclaration à souscrire. La déclaration devra énoncer l'état civil des parents : noms, prénoms, dates et lieux de naissance.

De la répudiation de la qualité de Français.

L'article 8, paragraphe 3, attribuait d'une façon définitive et sans faculté de répudiation la qualité de Français à tout individu *né en France* d'un étranger qui lui-même y était né. On avait considéré que la naissance de deux générations successives sur notre territoire constituait une présomption suffisante de l'établissement durable de la famille en France.

La cour de cassation, par un arrêt du 7 décembre 1891, a décidé que les mots « d'un étranger qui lui-même y est né » devaient être interprétés dans un sens large et s'appliquaient aussi bien à l'enfant né en France d'une mère qui y était née elle-même qu'à l'enfant né en France d'un père né lui-même sur notre sol. Cette interprétation donnant à la mère une influence excessive, la loi du 22 juillet 1893 est venue y apporter une restriction nécessaire.

Désormais, aux termes de l'article 8, paragraphe 3, la double naissance sur le sol français du père et de l'enfant assure seule à ce dernier la nationalité française d'une manière ferme et *sans répudiation possible*.

La double naissance sur notre territoire de la mère et du fils confère aussi à celui-ci notre nationalité, mais dans ce cas l'enfant peut la répudier à sa majorité. Il conserve ainsi le choix d'option entre deux nationalités vers lesquelles peuvent, suivant les cas, l'attirer sa situation personnelle, ses intérêts ou toute autre circonstance de fait.

Nous rappelons, pour mémoire, que la loi du 22 juillet 1893 a accordé à une certaine catégorie d'individus, quel que soit leur âge, visés par le paragraphe 3 de l'article 8, la faculté de répudier la qualité de Français dans le délai d'un an, c'est-à-dire du 22 juillet 1893 au 22 juillet 1894 inclusivement. Ces individus sont ceux qui, nés en France d'une mère étrangère qui elle-même y était née, avaient été considérés comme Français, bien qu'ayant souscrit la déclaration de répudiation.

Le paragraphe 4 de l'article 8 déclare Français « l'individu né en France d'un étranger et qui, à l'époque de sa majorité, est domicilié en France », tout en lui réservant la faculté de décliner la qualité de Français dans l'année qui suit sa majorité telle qu'elle est fixée par la loi française. Ainsi ce même individu, résidant à l'étranger au moment de sa majorité sera étranger pour nous. Seulement il pourra bénéficier des dispositions du paragraphe 1er de l'article 9 qui accorde à ces étrangers jusqu'à l'âge de vingt-deux ans, la faculté de faire leur soumission, devant nos agents diplomatiques ou consulaires, de fixer en France, leur domicile pour y souscrire devant le juge de paix la déclaration en vue d'obtenir définitivement la qualité de Français. (V. *Déclaration* [dernier alinéa].)

D'une manière générale peut répudier la qualité de Français, soit par lui-même, dans sa vingt-deuxième année, soit par mandataire en vertu de procuration spéciale et authentique, soit s'il est mineur par ses représentants légaux, père, mère ou tuteur, ce dernier dûment autorisé par délibération du conseil de famille : 1° tout individu né en France d'un étranger et qui à l'époque de sa majorité est domicilié en France; 2° tous les individus nés en France d'un père étranger et d'une mère née Française ; 3° les enfants naturels nés en France et reconnus par des étrangers pendant leur minorité, par acte de reconnaissance ou par jugement. L'enfant naturel suit toujours la nationalité du parent à l'égard duquel la preuve a d'abord été faite. Ainsi un enfant naturel né en France ou reconnu légalement par une Française est Français, alors même qu'il sera ultérieurement reconnu par un étranger.

Les enfants adoptifs suivent la nationalité de leurs parents naturels.

La déclaration de répudiation de la qualité de Français est faite devant le juge de paix du canton et n'est valable qu'après enregistrement au ministère de la justice. Le déclarant majeur doit remplir les deux conditions suivantes : 1° prouver qu'il a conservé la nationalité de ses parents par attestation en due forme de son gouvernement constatant qu'il est considéré par le pays dont il se réclame comme son national ; 2° établir qu'il ne s'est pas soustrait aux obligations de la loi militaire dans son pays d'origine par un certificat constatant qu'il a répondu à l'appel sous les drapeaux dans son pays. Il devra, en outre, produire son acte de naissance et les actes de naissance de ses père et mère. Ces diverses pièces seront annexées à la déclaration transmise au ministère de la justice pour l'enregistrement.

La *liste des individus qui acquièrent ou déclinent* la qualité de Français par voie de déclaration est publiée tous les trois mois au *Bulletin officiel du ministère de la justice*. Cette liste, qui est en vente à l'Imprimerie Nationale, est adressée à toutes les préfectures(1). Au moyen de cette liste, ces dernières assurent l'inscription des intéressés sur les listes de recrutement ou procèdent à leur radiation.

(1) Les préfectures doivent, de leur côté, adresser chaque mois au ministre de l'intérieur, un état nominatif des assujettis au décret du 2 octobre 1888 et à la loi du 8 août 1893, qui ont été naturalisés Français ou réintégrés dans cette qualité pendant le mois précédent. La liste nominative de ces naturalisés et réintégrés est également adressée par la préfecture aux maires qui assurent leur inscription sur les tableaux de recensement de la classe appelée.

Modèle n° 1.

DÉCLARATION

EN VUE DE RÉCLAMER LA QUALITÉ DE FRANÇAIS.

(Art. 9, § 1, du code civil.)

———

(Cette déclaration s'applique à l'individu né en France de père et mère nés à l'étranger et qui n'est pas domicilié en France à l'époque de sa majorité.)

———

L'an .... et le .... du mois de .... par-devant nous, juge de paix du canton de .... arrondissement de .... département de .... s'est présenté le sieur (nom, prénoms), né le .... à (profession, domicile), lequel nous a déclaré qu'il était né de (nom, prénoms, date, lieu de naissance, domicile des père et mère), mais que n'étant pas domicilié en France à l'époque de sa majorité, il avait fait le .... à ...., devant M. le consul de France en cette ville, sa soumission de fixer son domicile en France dans l'année de sa déclaration et réclamait par suite aujourd'hui, en vertu de l'article 9, § 1, du code civil, la qualité de Français.

A l'appui de sa déclaration le sieur .... nous a remis :

1° Son acte de naissance;

2° L'acte de mariage de ses père et mère (original et traduction) (1);

3° L'acte de soumission dont il est parlé ci-dessus;

4° L'extrait du casier judiciaire;

Pièces qui seront annexées à la déclaration qui doit être adressée au ministère de la justice, pour y être enregistrée; cette formalité étant exigée par la loi à peine de nullité.

Étaient présents:

Le sieur (nom et prénoms), âgé de............., profession de........................, demeurant à..................... .

Et le sieur (mêmes indications);

lesquels nous ont attesté l'individualité du comparant, ont déclaré que ce qui précède est à leur connaissance personnelle et ont signé avec le déclarant et nous, juge de paix, après lecture faite.

---

(1) Si l'acte de mariage n'indique pas les noms, prénoms, dates et lieux de naissance des conjoints, le juge de paix doit exiger en outre les actes de naissance des père et mère.

Modèle n° 2.

DÉCLARATION

EN VUE DE RÉCLAMER LA QUALITÉ DE FRANÇAIS

(Art. 9, § 10)

ET DE RENONCER ÉVENTUELLEMENT A SE PRÉVALOIR DE LA FACULTÉ DE RÉPUDIATION PRÉVUE PAR L'ARTICLE 8, § 4 « IN FINE ».

(Cette déclaration ne peut être souscrite qu'au nom du mineur qui est né en France, de père et mère nés tous deux à l'étranger et qui est actuellement domicilié en France.)

L'an................................et le................................du mois d................................, par-devant nous, juge de paix du canton d................................, département d................................, s'est présenté le sieur (nom et prénoms), né le................................à................................ (profession, domicile), lequel nous a déclaré que de son mariage avec (nom, prénoms, date et lieu de naissance de la femme) étaient issus................................enfants :

1°
2° } Nom, prénoms, dates et lieux de naissance ;
3°

et que voulant, bien qu'ils soient encore mineurs, leur assurer la qualité de Français, il réclamait, au nom de ceux-ci, la nationalité de Français en vertu de l'article 9, § 2, du code civil, et renonçait en tant que besoin, par avance, au droit que leur confère l'article 8, § 4, du code civil, de décliner la nationalité française dans l'année de leur majorité.

A l'appui de sa déclaration, le sieur .... nous a remis :

1° Son acte de mariage (1) (si l'acte de mariage n'indique pas les noms, prénoms, dates et lieux de naissance des conjoints, les actes de naissance doivent être exigés);

2° Les actes de naissance de ses enfants ;

3° L'extrait du casier judiciaire de chacun de ses enfants.

Pièces qui seront annexées à la déclaration qui sera transmise au ministère de la justice pour y être enregistrée, cette formalité étant prescrite par la loi à peine de nullité.

Étaient présents :

1° Le sieur (nom, prénoms), âgé de ...., profession d ...., demeurant à ....

2° Et le sieur (mêmes indications) ;

lesquels nous ont attesté l'individualité du comparant, ont déclaré que ce qui précède est à leur connaissance personnelle et ont signé avec le déclarant et nous, juge de paix, après lecture faite.

---

(1) Les pièces en langue étrangère doivent être accompagnées de leur traduction.

N° 3. — Modèle A.

DÉCLARATION
EN VUE DE RÉCLAMER LA QUALITÉ DE FRANÇAIS.
(Art. 10 du code civil.)

INDIVIDU NÉ A L'ÉTRANGER.
(Cette déclaration peut être souscrite au nom du mineur.)

L'an............... et le............... du mois d............... par-devant nous, juge de paix du canton d............... arrondissement d..............., département d............... s'est présenté le sieur (nom, prénoms), né le............... à............... (profession, domicile), célibataire ou époux de............... ou veuf de (nom, prénoms, date et lieu de naissance de la femme), lequel nous a déclaré que son père (1) (nom, prénoms, date et lieu de naissance, domicile), ayant perdu la qualité de Français en (se reporter à l'article 17 du code civil et indiquer la cause qui a fait perdre la qualité de Français), il réclamait la qualité de Français en vertu de l'article 10 du code civil.

A l'appui de sa déclaration, le sieur............... nous a remis :
1° Son acte de naissance (2) ;

---

(1) Si c'est la mère qui a perdu la qualité de Française par son mariage : que sa mère (nom, prénoms, date et lieu de naissance) ayant perdu la qualité de Française par son mariage, conformément aux dispositions de l'article 19 du code civil, il réclamait la qualité de Française en vertu de l'art. 10 du code civil.
A l'appui de sa déclaration, le sieur............... nous a remis :
1° Son acte de naissance ;
2° L'acte de mariage de ses père et mère ;
3° L'acte de naissance de sa mère ;
4° L'acte de naissance ou de mariage de son grand-père maternel ;
5° Un extrait de son casier judiciaire ; pièces qui seront annexées (le reste comme ci-dessus).
(2) Les pièces en langue étrangère devront être accompagnées de leur traduction.

POSSESSION ET PERTE DE LA QUALITÉ DE FRANÇAIS. 191

2° L'acte de naissance ou de mariage de son père et toute autre pièce nécessaire pour établir sa nationalité française ;

3° L'acte de naissance ou de mariage de son grand-père paternel (quand le père du déclarant est né après le 13 mars 1803) ;

4° L'extrait du casier judiciaire français ;

5° La pièce qui atteste que le père a perdu la qualité de Français, quand la perte de la qualité de Français ne résulte pas d'un fait historique.

Le sieur................................nous a déclaré en outre que de son mariage étaient issus...enfants :

Enfants du déclarant nés à l'étranger ou en France d'une mère née à l'étranger.

1°⎫
2°⎬ Nom, prénoms, dates et lieux de naissance
3°⎪   des enfants,
4°⎭

et que voulant assurer définitivement à ceux-ci la qualité de Français qu'ils viennent d'acquérir par le fait de sa déclaration, il renonce en leur nom au droit que leur confère l'article 12, § 3, *in fine*, du code civil, de décliner cette qualité dans l'année de leur majorité.

A l'appui de sa déclaration, le sieur............ nous a remis les actes de naissance de ses enfants ci-dessus prénommés.

Le sieur.................................nous a déclaré en outre que de son mariage étaient issus............ enfants :

Enfants du déclarant nés en France d'une mère née elle-même en France.

1°⎫
2°⎬ Nom, prénoms, dates et lieux de naissance
3°⎪   des enfants,
4°⎭

et que voulant assurer définitivement à ceux-ci la qualité de Français, il renonce en leur nom au droit que leur confère l'article 8, § 3, du code civil, de décliner cette qualité dans l'année de leur majorité.

A l'appui de sa déclaration, le sieur........................ nous a remis les actes de naissance de ses enfants ci-dessus prénommés.

Femme du déclarant. { Ensuite est intervenue la dame (nom, prénoms, date et lieu de naissance), laquelle, mise en demeure de faire connaître si elle désirait suivre son mari dans sa nouvelle nationalité, nous a répondu *affirmativement* et a déposé entre nos mains : 1° une demande sur papier timbré tendant (à la naturalisation si elle est d'origine étrangère; à la réintégration si elle est d'origine française); 2° son acte de mariage ...., ou *négativement*.

Toutes les pièces ci-dessus énumérées seront annexées à la déclaration qui sera transmise au ministère de la justice pour y être enregistrée, cette formalité étant exigée par la loi à peine de nullité.

Étaient présents :

Le sieur (nom et prénoms), âgé de ...., profession d.......... demeurant à ....,

Et le sieur (mêmes indications).

lesquels nous ont attesté l'individualité du déclarant, ont déclaré que ce qui précède est à leur connaissance personnelle et ont signé avec le déclarant et nous, juge de paix, après lecture faite.

Modèle n° 4. — D.

DÉCLARATION

EN VUE DE RÉCLAMER LA QUALITÉ DE FRANÇAIS.
(Art. 10 du code civil.)

INDIVIDU NÉ SUR LE TERRITOIRE FRANÇAIS.

(Cette déclaration s'applique à l'individu né en France de parents nés à l'étranger et ayant perdu la qualité de Français avant sa naissance.)

L'an................................et le..........................du mois d........................., par-devant nous, juge de paix du canton d......................., arrondissement d........................., s'est présenté le sieur (nom, prénoms), né le...................à........................... (profession), demeurant à.............................(célibataire ou époux de.............................ou veuf de (nom, prénoms, date et lieu de naissance de la femme), lequel nous a déclaré que (1) son père (nom, prénoms, date et lieu de naissance), ayant perdu la qualité de Français en (se reporter à l'article 17 du code civil et indiquer la cause qui a fait perdre la qualité de Français), il réclamait la qualité de Français par application de l'article 10 du code civil.

Le sieur............................nous a déclaré en outre que, bien que né en France, il n'y habitait pas lors de sa majorité et qu'il n'a pas été appelé à prendre part au recrutement.

A l'appui de sa déclaration, le sieur................................... nous a remis :

1° Son acte de naissance (2) ;

2° L'acte de mariage de son père (si l'acte de mariage n'indique pas l'état civil des conjoints, il y a lieu de réclamer en outre les actes de naissance des père et mère) ;

---

(1) Voir note insérée au modèle n° 3, A : « Si c'est la mère qui a perdu la qualité de Française, etc. », plus, pour le cas présent : 6° un certificat officiel dûment légalisé établissant le domicile du déclarant lors de sa majorité. »

(2) Les pièces en langue étrangère doivent être accompagnées de leur traduction.

3° La pièce qui atteste que son père a perdu la qualité de Français ;

4° Le certificat officiel dûment légalisé établissant le domicile du déclarant lors de sa majorité ;

5° L'extrait du casier judiciaire.

Enfants du déclarant nés à l'étranger.
{
Le sieur .... nous a déclaré en outre que de son mariage étaient nés à l'*étranger* .... enfants.

1°
2°) Nom, prénoms, dates et lieux de naissance
3°) des enfants,

et que voulant assurer définitivement à ceux-ci la qualité de Français qu'ils viennent d'acquérir par le fait de sa déclaration, il renonce en leur nom au droit que leur confère l'article 12, § 3 *in fine*, du code civil, de décliner cette qualité dans l'année de leur majorité.

A l'appui de sa déclaration, le sieur .... nous a remis les actes de naissance de ses enfants ci-dessus prénommés.
}

Femme du déclarant.
{
Ensuite est intervenue la dame (nom, prénoms, date et lieu de naissance), laquelle, mise en demeure de faire connaître si elle désirait suivre son mari dans sa nouvelle nationalité, nous a répondu *affirmativement* et a déposé entre nos mains : 1° une demande sur papier timbré tendant (à la naturalisation si elle est d'origine étrangère ; à la réintégration si elle est d'origine française) ; 2° son acte de mariage ...., ou *négativement*.
}

Toutes les pièces ci-dessus énumérées seront annexées à la déclaration qui sera transmise au ministère de la justice pour y être enregistrée, cette formalité étant prescrite par la loi à peine de nullité.

Étaient présents ;

Le sieur (nom, prénoms), âgé de .... profession d .... demeurant à ....

Et le sieur (mêmes indications que ci-dessus).

lesquels nous ont attesté l'individualité du déclarant, ont déclaré que ce qui précède est à leur connaissance personnelle et signé avec le déclarant et nous, juge de paix, après lecture faite.

Modèle n° 5.

DÉCLARATION
EN VUE DE DÉCLINER LA QUALITÉ DE FRANÇAIS.
(Art. 8, § 3 et 4, 12, § 3, et 18 du code civil.)

Cette déclaration peut être faite :
1° Par l'individu majeur né en France d'un père né à l'étranger et d'une mère née elle-même en France. (Application de l'art. 8, § 3, du code civil.)
2° Par l'individu majeur né en France de père et mère nés à l'étranger et domiciliés en France à l'époque de sa majorité. (Application de l'art. 8, § 4, du code civil.)
3° et 4° Par l'individu majeur né en France ou à l'étranger d'un père ou d'une mère survivante devenus Français par voie de naturalisation ou de réintégration.)

L'an................et le....................du mois d'................, par-devant nous, juge de paix du canton d................arrondissement d..................., département d................ s'est présenté le sieur (nom et prénoms), né le................ à..................(profession), demeurant à..................., lequel nous a déclaré qu'étant (1) né en France de (nom, prénoms, date et lieu de naissance et domicile du père) et de (nom, prénoms, date et lieu de naissance de la mère) et y étant domicilié, il voulait décliner la qualité de Français que lui conférait l'article 8, § 3 (ou 8, § 4) du code civil et réclamait la nationalité................

(1) Devenu Français en vertu de l'article............du code civil par suite de (la naturalisation ou la réintégration dans la qualité de Français) accordée à................................par décret du................, il voulait décliner la qualité de Français et réclamait la nationalité................(Le reste comme ci-dessus, mais une copie du décret accordant la qualité de Français doit être en outre produite).

A l'appui de sa déclaration, le sieur ....nous a remis :

1° Son acte de naissance (1);

2° Les actes de naissance et de mariage de ses père et mère ;

3° Une attestation en due forme du gouvernement du pays dont il se réclame et constatant qu'il est considéré comme son national ;

4° Un certificat constatant qu'il a répondu dans son pays d'origine à l'appel sous les drapeaux (2) ;

Pièces qui seront annexées à la déclaration qui doit être adressée au ministère de la justice pour y être enregistrée, cette formalité étant prescrite par la loi à peine de nullité.

Étaient présents :

Le sieur (nom, prénoms, profession), demeurant à ....

Et le sieur (mêmes indications) ;

lesquels nous ont attesté l'individualité du comparant et ont déclaré que ce qui précède est à leur connaissance personnelle.

Avant de clore nous avons fait observer au déclarant que dans le cas où il solliciterait ultérieurement la naturalisation cette faveur lui serait refusée.

Après lecture faite le déclarant a signé avec les témoins et nous, juge de paix.

---

(1) Les pièces en langue étrangère devront être accompagnées de leur traduction.

(2) Si dans le pays dont se réclame le déclarant le service militaire n'existe pas (comme en Angleterre), ou s'il en est dispensé pour ce motif qu'il appartient à une classe d'individus qui n'y est pas astreinte (comme les chrétiens en Turquie), un certificat constatant cette situation doit être produit aux lieu et place du certificat exigé sous le n° 4 ci-dessus.

Modèle n° 6.

DÉCLARATION

EN VUE DE RENONCER A SE PRÉVALOIR DE LA QUALITÉ D'ÉTRANGER

FAITE SOIT AU NOM DU MINEUR PAR SON REPRÉSENTANT LÉGAL, SOIT PAR L'INTÉRESSÉ LUI-MÊME SE TROUVANT DANS L'ANNÉE DE SA MAJORITÉ.

(Art. 12, § 3, et 18 du code civil.)

(Cette déclaration ne peut être faite qu'au nom du mineur devenu Français, sauf faculté de répudiation, par suite soit de la naturalisation, soit de la réintégration de son père ou de sa mère survivante.)

L'an.................................et le.............................du mois de..................par-devant nous, juge de paix du canton d............ arrondissement d.........................département d................. s'est présenté le sieur (nom et prénoms, né le............................ à............................(profession, domicile), époux de........................ ou veuf de............................(nom, prénoms, date et lieu de naissance de la femme), naturalisé ou réintégré dans la qualité de Français par décret du Président de la République en date du ....18........, lequel nous a déclaré que, voulant assurer définitivement à son fils (nom, prénoms, date et lieu de naissance) la qualité de Français que celui-ci a acquise par suite du décret susvisé, il renonce en son nom aux droits que lui confère l'article 12, § 3, *in fine*, du code civil, *quand le père a été naturalisé*, et l'article 18, *in fine*, du code civil, *quand le père a été réintégré*, de décliner cette qualité dans l'année de sa majorité.

A l'appui de sa déclaration, le sieur............................. nous a remis :

1° L'acte de naissance de son fils (1);

2° Son acte de naissance ou de mariage;

3° L'ampliation du décret d'où résulte pour lui la qualité de Français ou une copie dûment certifiée conforme de ce document;

4° L'extrait du casier judiciaire français de son fils ;

Pièces qui seront annexées à la déclaration qui doit être adressée au ministère de la justice pour y être enregistrée; cette formalité étant prescrite par la loi à peine de nullité.

Étaient présents :

Le sieur (nom, prénoms), âgé de........................, profession de........................., demeurant à......................

Et le sieur (mêmes indications);

lesquels nous ont attesté l'individualité du comparant, ont déclaré que ce qui précède est à leur connaissance personnelle et ont signé avec le déclarant et nous juge de paix, après lecture faite.

---

(1) Les pièces en langue étrangère doivent être accompagnées de leur traduction.

Modèle n° 7.

DÉCLARATION
EN VUE DE RENONCER A SE PRÉVALOIR DE LA QUALITÉ D'ÉTRANGER.
(Art. 8, § 3, du code civil.)

(Cette déclaration peut être faite soit au nom du mineur né en France d'un père né à l'étranger et d'une mère née elle-même en France, soit par l'intéressé lui-même se trouvant dans l'année de sa majorité.)

L'an............................et le........................, du mois d........................, par-devant nous, juge de paix du canton d........................, arrondissement d........................, département d........................, s'est présenté le sieur (nom, prénoms), né le........................à (profession, domicile), époux de........................ ou veuf de........................(nom, prénoms, date et lieu de naissance de la femme), lequel nous a déclaré que, voulant assurer définitivement à ses enfants :

1°
2° Nom, prénoms, dates et lieux de naissance des enfants,
3°

la qualité de Français qu'ils tiennent de leur naissance, il renonce en leur nom au droit que leur confère l'article 8, § 3, du code civil, de décliner cette qualité dans l'année de leur majorité.

A l'appui de sa déclaration, le sieur........................ nous a remis :

1° Les actes de naissance de ses enfants ;
2° L'extrait du casier judiciaire de ceux-ci ;

3° Son acte de mariage (si ce document ne donne pas les noms, prénoms, dates et lieux de naissance des conjoints, les actes de naissance des père et mère doivent être en outre exigés);

Pièces qui seront annexées à la déclaration qui doit être adressée au ministère de la justice pour y être enregistrée; cette formalité étant prescrite par la loi, à peine de nullité.

Étaient présents :

Le sieur (nom, prénoms), âgé de........................, profession de..................., demeurant à...

Et le sieur (mêmes indications);

lesquels nous ont attesté l'individualité du comparant, ont déclaré que ce qui précède est à leur connaissance personnelle et ont signé avec le déclarant et nous juge de paix, après lecture faite.

(Circ. justice du 28 août 1893.)

ÉTAT MENSUEL *des déclarations souscrites devant les juges de paix, que chaque chef de parquet doit adresser au ministère de la justice (du 1er au 10).*

NUMÉROS D'ORDRE.	NOMS DES DÉCLARANTS.	PRÉNOMS	INDIQUER SI LA DÉCLARATION EST FAITE : 1° Pour acquérir ; 2° pour répudier.	ARTICLES du Code civil appliqués.	CANTON où la réclamation a été reçue.	DATE de la déclaration.	DATE de la transmission à la Chancellerie.	OBSERVATIONS

A……………… le……………… 18……

Circulaire du ministère de la justice du 28 août 1893.

Monsieur le procureur général,

La circulaire de l'un de mes prédécesseurs en date du 23 août 1889 (1) a appelé votre attention, celle

(1) Circ. du 23 août 1889. « La loi du 26 juin 1889 sur la nationalité admet dans certains cas l'acquisition de la qualité de Français par voie de simple déclaration. Cette faculté qui existait dans la législation antérieure, avait été déjà assimilée par la doctrine et par certaines décisions de jurisprudence à un mode spécial de naturalisation. Elle a été consacrée de nouveau par le législateur sous le nom de naturalisation de faveur.

Aux termes de l'art. 9 du code civil modifié par la loi du 26 juin, tout individu né en France d'un étranger et qui n'y est pas domicilié à l'époque de sa majorité peut, jusqu'à l'âge de vingt-deux ans accomplis, faire sa soumission de fixer en France son domicile et, s'il l'y établit dans l'année à compter de l'acte de soumission, réclamer la qualité de Français par une déclaration qui doit être enregistrée au ministère de la justice. La même faculté de réclamer la qualité de Français est accordée par l'art. 10, sans limitation d'âge, à tout individu né en France ou à l'étranger de parents dont l'un a perdu la qualité de Français.

D'autre part, les articles 8 § 4, 12 et 18 du code civil modifié reconnaissent à certaines catégories d'individus en possession de la nationalité française le droit de décliner cette nationalité dans l'année qui suit leur majorité telle qu'elle est fixée par la loi française. C'est le cas de tout individu né en France d'un étranger et qui, à l'époque de sa majorité, est domicilié en France ; la qualité de Français, qui résulte pour lui de la réunion de ces deux circonstances (naissance sur le territoire français et domicile sur le même territoire lors de la majorité), peut être répudiée par une déclaration

de vos substituts et des juges de paix sur les dispositions de la loi du 26 juin 1889, qui admettent

accompagnée des pièces justificatives prévues par la loi. Il en est de même des enfants mineurs devenus Français soit par la naturalisation soit par la réintégration de leurs parents ils peuvent, à leur majorité, opter pour leur nationalité d'origine. Par sa circulaire du 24 mars 1881, le ministre de l'intérieur, avait prescrit, dans les municipalités, la tenue d'un registre spécial destiné à recevoir toutes les déclarations qui seraient souscrites pour réclamer ou répudier la qualité de Français. En outre, une circulaire de mon prédécesseur, en date du 20 octobre 1888, avait chargé les préfets d'inviter les maires à transmettre à la chancellerie une copie de toutes les déclarations de ce genre qui seraient reçues par eux. Il importait, en effet à tous égards, que la répudiation de la qualité de Français et l'acquisition de cette qualité ne pussent être, au gré des intéressés, dissimulées ou invoquées suivant les circonstances, et il fallait éviter que les déclarations ne fussent reçues en dehors des cas prévues par la loi. A l'avenir ces déclarations seront reçues par le juge de paix du canton dans lequel réside le déclarant; elles pourront être faites par procuration spéciale et authentique; elles seront dressées en double exemplaire sur papier timbré. Le déclarant sera assisté de deux témoins qui certifieront son identité; il devra produire toutes les justifications nécessaires pour établir la régularité de sa déclaration et l'état civil de ses enfants mineurs appelés à devenir Français en vertu de la naturalisation de leur auteur. La demande de la femme ou des enfants majeurs devra être jointe à la déclaration faite par le mari, le père ou la mère. Les deux exemplaires de la déclaration avec les pièces justificatives et, le cas échéant, la demande de la femme et des enfants majeurs seront immédiatement adressés par le juge de paix au procureur de la République, qui les transmettra sans délai au ministère de la justice (art. 7 du règlement).

Il y a lieu de veiller à ce que l'individu qui réclame la qua-

dans certains cas l'acquisition de la qualité de Français par voie de simple déclaration, et qui, dans certains autres, permettent de décliner, dans la même forme, notre nationalité.

La loi nouvelle du 22 juillet 1893, qui modifie les articles 8 § 3, et 9 du code civil, a apporté à la législation antérieure de graves changements, que j'ai le devoir de vous signaler. D'un autre côté la pratique suivie depuis 1889 a fourni, sur l'un et

lité de Français en vertu de l'article 10 du code civil établisse, s'il est né en France, quel était son domicile et celui de ses parents à l'époque de sa majorité telle qu'elle est réglée par la loi Française afin de permettre de vérifier si, lors de sa majorité, il n'a pas revendiqué la qualité d'étranger pour échapper au service militaire. Dans l'affirmative, en effet, la loi le déclare déchu du droit de réclamer la qualité de Français. L'individu qui entend décliner la qualité de Français dans les cas prévus par les art 8 (4°) 12 et 18 du code civil, doit prouver qu'il a conservé la nationalité de ses parents par une attestation en due forme de son gouvernement, laquelle demeurera annexée à la déclaration, et produire en outre, s'il y a lieu, un certificat constatant qu'il a répondu à l'appel sous les drapeaux conformément à la loi militaire de son pays, sauf les exceptions prévues par les traités. Le droit de réclamer la qualité de Français dans les cas prévus par les articles 9 et 10 du code civil est reconnu même au mineur. Pareillement, dans les cas prévus par les articles 8 § 4, 12 et 18 du code civil, le mineur peut renoncer à la faculté qui lui appartient de décliner la qualité de Français dans l'année de sa majorité; mais toutes les fois que l'intéressé est en état de minorité, la déclaration doit être souscrite en son nom par son représentant légal selon la distinction établie dans l'art. 9 § 2 du code civil (art. 11 du règlement).

l'autre point, des enseignements qu'il convient de mettre à profit. C'est pourquoi il m'a paru utile de préciser à nouveau l'ensemble des règles qui devront être suivies désormais pour l'exacte application de cette partie si importante de notre législation sur la nationalité.

I

Règles communes à toutes les déclarations faites en vue soit de réclamer soit de décliner la qualité de Français.

(Art. 9 nouveau, §§ 1, 2, 3, 6, 7, 8, et 9.)

Le code civil et les lois postérieures qui l'ont successivement modifié, n'avaient réglé ni les formes ni les moyens de conservation des déclarations de nationalité. Elles étaient faites dans les mairies, qui, pour la plupart, n'en tenaient pas registre et les inscrivaient sur des feuilles volantes exposées à toutes les chances de destruction ou de perte. Une circulaire de M. le ministre de l'intérieur en date du 24 mars 1881 avait, il est vrai, prescrit la tenue dans toutes les municipalités d'un registre spécial destiné à contenir ces sortes de déclarations; en outre, une circulaire adressée par l'un de mes prédécesseurs aux préfets, le 20 octobre 1888, invitait les maires à transmettre à la chancellerie une copie de toutes les déclarations reçues par eux. En cherchant à assurer ainsi le contrôle et la centralisation de ces actes, on avait voulu en premier lieu les soumettre à un examen juridique et rejeter ceux qui auraient été souscrits en dehors des cas prévus par la loi, en second lieu assurer mieux la preuve de la nationalité des déclarants et ne plus leur permettre d'invoquer leur option ou de la dissimuler, suivant leur intérêt du moment. Mais ces prescriptions purement administratives n'avaient pas suffi pour atteindre le double but poursuivi. C'est pourquoi la loi du 26 juin 1889 et le règlement d'administration publique du 13 août suivant ont organisé une procédure nouvelle. Aux termes de l'article 6 du décret du 13 août 1889, les déclarations souscrites, soit pour acquérir, soit pour répudier la qualité de Français, sont reçues par le juge de paix du canton dans lequel réside le déclarant. Les magistrats cantonaux ont paru plus compétents que la majorité des maires dans une matière d'ordre essentiellement juridique, qui soulève parfois de délicates questions d'interprétation et d'application. Les déclarations peuvent être faites par mandataires en vertu de procuration spéciale et authentique. Elles doivent être dressées en double exemplaire sur papier timbré. Le déclarant est assisté de deux témoins qui certifient son identité ; il doit produire à l'appui de sa déclaration toutes les justifications nécessaires, en y joignant son acte de naissance, et, le cas échéant, son acte de mariage et les actes de naissance de ses enfants mineurs, avec la traduction de ces actes s'ils sont en langue étrangère.

Les deux exemplaires de la déclaration et les pièces justificatives sont immédiatement adressées par le juge de paix au procureur de la République, qui les transmet sans délai au ministre de la justice. (Art. 7 du décret précité.)

La déclaration est inscrite à la chancellerie sur un registre spécial ; l'un des exemplaires est conservé dans les archives, et l'autre renvoyé à l'intéressé avec la mention de l'enregistrement. (Art. 8, du décret.)

Si ces prescriptions législatives et réglementaires avaient été rigoureusement observées, et surtout si leur méconnaissance avait entraîné une sanction efficace, il n'est pas douteux que le résultat cherché aurait été obtenu. Mais la jurisprudence, appelée à se prononcer sur la valeur des déclarations de nationalité faites devant les juges de paix et non enregistrées au ministère de la justice, avait décidé que l'enregistrement n'était qu'une simple formalité administrative dont l'omission n'empêchait pas la déclaration de produire tous ses effets. (Cour de Douai, 6 décembre 1890 et sur pourvoi. — Cassation ; rejet, 26 décembre 1891.) Il en résultait que la qualité de Français pouvait être acquise ou perdue sans que la chancellerie en fût informée et sans que les parties intéressées aient aucun moyen de connaître ce changement de nationalité.

Pour remédier aux inconvénients certains de cet

état de choses, la loi nouvelle a consacré un moyen aussi simple qu'efficace. *Elle frappe de nullité toute déclaration qui n'aurait pas été enregistrée au ministère de la justice*, c'est-à-dire qu'elle ajoute à la formalité de l'enregistrement la sanction qui, jusqu'alors, lui avait fait défaut.

Cette formalité ne sera pas néanmoins arbitraire et facultative pour le gouvernement. Elle ne pourra être refusée que dans deux hypothèses : 1° si le déclarant n'est pas dans les conditions requises par la loi ; 2° pour cause d'indignité. Ce second cas spécial aux déclarations faites en vue d'acquérir la nationalité française sera examiné dans le paragraphe suivant. Le premier est commun aux déclarations d'acquisition ou de répudiation de la qualité de Français.

Désormais, toutes les déclarations pourront être soumises à un examen attentif et compétent au point de vue de leur régularité juridique, et il sera possible de refuser les déclarations illégales dont la réception n'avait d'autre effet que d'induire les intéressés en erreur sur leur nationalité véritable.

La chancellerie n'entend pas d'ailleurs usurper les pouvoirs qui n'appartiennent qu'aux tribunaux, souverains juges en matière de nationalité. Si une déclaration lui paraît avoir été faite par un individu qui ne réunirait pas les conditions prévues par l'article de loi qu'il invoque, elle lui notifiera son refus d'enregistrement, et si l'intéressé n'accepte pas cette décision, il aura la faculté de soumettre le litige aux tribunaux. Dans le but de rendre ce recours à l'autorité judiciaire plus facile et moins onéreux, l'article 9 dispose dans son paragraphe 2 que la procédure à suivre sera celle qui est prescrite par les articles 855 et suivants du code de procédure civile, en matière de rectification d'actes de l'état civil. L'instance sera introduite par une requête présentée au président du tribunal, et il sera statué sur le rapport d'un juge et sur les conclusions du ministère public. L'article 858 sera applicable en cas d'appel du jugement.

Si la réclamation du déclarant est admise, l'enregistrement est opéré sur le vu du jugement ou de l'arrêt. Si elle est rejetée, le refus de l'enregistrement devient définitif et le déclarant reste étranger.

La loi a pris soin de fixer le délai dans lequel le ministre de la justice devra faire connaître son refus d'enregistrement : « La notification motivée du refus devra être faite au réclamant dans le délai de deux mois à partir de sa déclaration. » (Art. 9, § 3.) Si le délai légal expire sans que le refus ait été signifié, le déclarant sera en droit d'exiger la remise du double de sa déclaration et la preuve que la formalité essentielle de l'enregistrement a été accomplie. « A défaut des notifications ci-dessus visées dans les délais sus-indiqués, et à leur expiration, le ministre de la justice remettra au déclarant, sur sa demande, une copie de sa déclaration revêtue de la mention d'enregistrement. » (Art. 9, § 6.)

Ces dispositions nouvelles appellent pour leur exacte application des précautions particulières sur lesquelles je vous prie d'appeler tout spécialement l'attention de vos substituts et des magistrats cantonaux.

D'une part, il importe de fournir à l'intéressé les moyens de prouver la date de sa déclaration. Outre que cette date est le point de départ du délai de deux mois imparti à ma chancellerie pour faire connaître son refus d'enregistrement, elle intéresse au plus haut point le déclarant puisque l'article 9, § 7 dispose que : « La déclaration produira ses effets du jour où elle aura été faite, sauf l'annulation qui pourra résulter du refus d'enregistrement. » En conséquence, le juge de paix devra remettre au comparant, au moment où il recevra sa déclaration, un récépissé constatant l'accomplissement de cette formalité. Il convient toutefois de se préoccuper des usages abusifs qui pourraient être faits de ce récépissé et de les prévenir. *Dans ce but, on y énoncera expressément qu'il est valable pour deux mois seulement, et qu'à l'expiration de ce délai, il sera considéré comme nul et non avenu, et que la preuve de la déclaration ne pourra résulter que de l'acte lui-même revêtu de la mention de l'enregistrement.*

En second lieu, il n'est pas moins nécessaire de procurer à la chancellerie la preuve que le refus d'enregistrement a été signifié par elle dans le délai de la loi. Lors donc qu'une déclaration me paraîtra illégalement souscrite, j'en aviserai le procureur de la République par une dépêche motivée qui sera transmise au juge de paix compétent. Ce magistrat en remettra copie au déclarant et dressera un procès-verbal de cette notification qui me sera adressé sans retard par l'entremise du parquet de première instance.

En troisième lieu et enfin, puisque la sanction de nullité est attachée au défaut d'enregistrement et puisque après l'expiration d'un délai de deux mois, ma chancellerie est tenue d'enregistrer les déclarations même irrégulières, il est indispensable d'assurer la transmission exacte et en temps utile de toutes les déclarations. Je dois, dans ce but, organiser des moyens de surveillance nouveaux. Dans chaque parquet, il sera ouvert un registre spécial conforme au modèle (V. p. 201) et sur lequel seront inscrites, par ordre de dates, toutes les déclarations de nationalité reçues des juges de paix de l'arrondissement et transmises à mon département.

II

Règles spéciales aux déclarations faites en vue d'acquérir la nationalité française.

(Art. 9, § 4, 5 et 6.)

A la différence de la naturalisation par décret, que le gouvernement a la faculté de concéder ou de refuser après enquête, la naturalisation de faveur, résultant d'une simple déclaration de l'intéressé, qui réclame la qualité de Français, est acquise de plein droit, sans rejet possible par l'autorité publique. L'expérience a démontré que ce système absolu n'était pas sans danger. On a vu des individus auxquels leur inconduite notoire ou leurs antécédents judiciaires auraient fait certainement refuser la naturalisation, ou qui même pour ces motifs avaient été expulsés de notre territoire, ou qui avaient porté les armes contre la France, ou dont la présence dans notre pays pouvait compromettre la sécurité nationale, souscrire des déclarations qui ne pouvaient être contestées au point de vue de leur légalité, et qui, au cas d'expulsion, frappaient d'inefficacité la mesure prise contre eux.

Il a paru indispensable, tout en respectant, en principe, le système des déclarations, d'armer le gouvernement contre l'intrusion d'individus dont la conduite passée est une menace pour l'ordre, pour la moralité et pour la sûreté publiques. C'est pourquoi la loi nouvelle a permis de refuser l'enregistrement, pour cause d'indignité, au déclarant qui réunirait toutes les conditions légales, mais dont la naturalisation paraîtrait, à raison de ses antécédents connus, devoir être préjudiciable aux intérêts français.

Toutefois, le refus d'enregistrement dans cette hypothèse est incontestablement une mesure grave puisqu'il fait échec au droit d'acquérir la nationalité française par simple déclaration. Aussi la loi a-t-elle pris soin d'entourer de garanties spéciales le droit nouveau qu'elle confère au gouvernement.

Le refus d'enregistrement ne pourra être prononcé que par décret du président de la République rendu sur l'avis conforme du conseil d'État. Ce décret devra intervenir dans le délai de trois mois à partir de la déclaration ou, s'il y a eu contestation devant les tribunaux civils, du jour où le jugement qui a admis la réclamation est devenu définitif. Le déclarant doit être avisé du renvoi de l'affaire à l'examen du conseil d'État, car, bien que la matière ne soit pas contentieuse, la loi, pour sauvegarder la liberté de la défense, permet de produire des pièces et des mémoires.

Pour que je puisse exercer utilement la surveillance qui m'est ainsi confiée, il sera nécessaire que chaque déclaration faite en vue d'acquérir la nationalité française soit désormais accompagnée du bulletin n° 2 du casier judiciaire concernant l'intéressé. En outre, toutes les fois que les juges de paix estimeront que le déclarant est indigne d'être admis parmi nos nationaux, ils devront joindre aux actes par eux transmis un rapport précis et circonstancié sur sa conduite, sa moralité et sa réputation. Ces renseignements devront être contrôlés par le procureur de la République qui me les fera parvenir avec son avis. Je n'ai pas besoin de m'appesantir sur le soin scrupuleux qui devra présider à ces sortes d'enquêtes, qui sont destinées à former le principal élément d'appréciation pour ma chancellerie et pour le conseil d'État. Dans le cas où je croirai devoir saisir cette assemblée d'une proposition de refus d'enregistrement, j'en donnerai avis au procureur de la République, qui le fera notifier à l'intéressé par l'entremise du juge de paix et qui m'adressera sans retard le procès-verbal de notification dressé par ce magistrat.

Comme la décision doit intervenir dans le délai de trois mois à compter de la déclaration, et, comme à l'expiration de ce délai, je serai tenu de délivrer à l'intéressé, sur sa demande, une copie de sa déclaration revêtue de la mention d'enregistrement, j'insiste, en terminant, sur la célérité nécessaire de l'enquête et sur l'urgence des transmissions.

III

Déclarations faites en vue d'acquérir la nationalité française.

PREMIER CAS.

Application de l'article 9, § 1, du code civil.

Aux termes de l'article 9 du code civil : « Tout individu né en France d'un étranger et qui n'y est pas domicilié à l'époque de sa majorité, pourra, jusqu'à l'âge de vingt-deux ans accomplis, faire sa soumission de fixer en France son domicile et, s'il l'y établit dans l'année à compter de l'acte de soumission, réclamer la qualité de Français par une déclaration qui sera enregistrée au ministère de la justice. »

Pour que l'étranger puisse se prévaloir de cette disposition, quatre conditions doivent se trouver réunies :

1° Il faut que le déclarant soit né de père et mère nés à l'étranger. C'est pourquoi la déclaration par lui souscrite devra énoncer d'une façon exacte et complète l'état civil des parents, c'est-à-dire leurs noms, prénoms, dates et lieux de naissance. Ces indications seront corroborées par la production de l'acte de mariage des père et mère, et, si cet acte ne contenait pas tous les renseignements utiles, le juge de paix devrait exiger, pour le compléter, les actes de naissance de chacun des parents ;

2° Le déclarant doit être né en France et en justifier par la production de son acte de naissance. Peu importe d'ailleurs que le lieu de sa naissance soit situé sur le sol métropolitain ou dans l'une de nos colonies ;

3° Il faut que le déclarant ne soit pas domicilié en France au moment de sa majorité, telle qu'elle est fixée par la loi française. Cette circonstance doit être expressément énoncée dans la déclaration, car si le déclarant avait son domicile en France à l'époque où il atteint sa vingt et unième année, il ne serait plus régi par les dispositions de l'article 9, mais bien par celles de l'article 8, § 4, du code civil ;

4° Il doit faire sa soumission de fixer son domicile en France. Cet acte de soumission ne doit pas être confondu, comme il est arrivé quelquefois, avec la déclaration de résidence qui a été exigée par le décret du 2 octobre 1888 des étrangers qui se proposent de s'établir en France. Il est reçu, en vertu de l'article 9 du décret du 13 août 1889, par l'un de nos agents diplomatiques et consulaires à l'étranger, et dressé en double exemplaire ; l'un est remis à l'intéressé qui doit le représenter au juge de paix ; ce magistrat, après l'avoir visé expressément dans le texte de la déclaration, aura soin de l'y annexer parmi les pièces justificatives. La seconde expédition est transmise immédiatement, par l'agent qui l'a reçue, au ministère de la justice.

La déclaration de l'article 9 peut être souscrite jusqu'à l'âge de vingt-trois ans accomplis. La loi accorde, en effet, à l'intéressé un premier délai qui expire avec sa vingt-deuxième année pour souscrire l'acte de soumission, et la date de cet acte marque le point de départ d'un second délai d'un an pour l'établissement effectif du domicile en France et pour la déclaration en vue d'acquérir la nationalité française. Si, d'ailleurs, le déclarant venait se fixer en France avec l'accomplissement de sa vingt-deuxième année, c'est-à-dire pendant qu'il est encore dans les délais pour signer l'acte de soumission, cette formalité se trouverait, en fait, devenir superflue, et la déclaration de nationalité pourrait être immédiatement reçue sans autre formalité préalable.

Vous trouverez ci-après (mod. 1, V. p. 186) la formule de déclaration à laquelle MM. les juges de paix devront se conformer, dans l'avenir, pour le cas prévu par l'article 9, § 1er.

DEUXIÈME CAS.

Application de l'article 9, § 10, du code civil.

L'individu qui réunit les conditions prévues par le paragraphe 1er de l'article 9 n'est pas tenu d'attendre l'âge de la majorité pour réclamer la qualité de Français. Mais, dans ce cas, l'article 9, § 10 (ancien § 2), organise une procédure spéciale et détermine les personnes qui auront qualité pour souscrire la déclaration au nom du réclamant âgé de moins de vingt et un ans accomplis. C'est en premier lieu le père, en cas de décès du père, la mère ; si tous les deux sont décédés ou exclus de la tutelle, ou encore dans les cas prévus par les articles 141, 142 et 143 du code civil, le tuteur autorisé par délibération du conseil de famille.

Pour la régularité de cette déclaration, il sera nécessaire, comme dans le cas précédent, de produire l'acte de mariage des parents, et si cet acte est insuffisant pour établir leur qualité d'étrangers, c'est-à-dire s'il n'énonce pas complètement les noms, prénoms, dates et lieux de naissance des conjoints, il y aura lieu d'exiger leurs actes de naissance. On y joindra les actes de naissance des enfants mineurs au nom desquels la déclaration sera souscrite et l'extrait de leur casier judiciaire. Si la déclaration est faite par le tuteur, il devra représenter la délibération du conseil de famille qui lui a conféré le pouvoir spécial dont il a besoin à cet effet.

Enfin, et conformément à la disposition de l'article 11 du décret du 16 août 1889, la personne qui souscrira la déclaration renoncera, au nom des mineurs, au droit qui leur appartiendrait, aux termes de l'article 8, § 4, de décliner notre nationalité dans l'année de leur majorité, s'ils étaient à cette époque domiciliés en France. Il importe, en effet, au plus haut point, de fixer définitivement sur leur tête la qualité de Français et de rendre impossible pour l'avenir toute nouvelle modification de leur nationalité.

TROISIÈME CAS.
Application de l'article 10 du code civil.

La faculté de réclamer la qualité de Français, sous forme de simple déclaration, est encore accordée par l'article 10 à tout individu né en France ou à l'étranger, de parents dont l'un a perdu la qualité de Français.

Pour être en droit d'invoquer la disposition de l'article 10, il faut en premier lieu être étranger de naissance, et en second lieu faire la preuve que la qualité de Français a appartenu soit au père et à la mère à un moment quelconque de leur existence, soit à l'un des deux seulement. Il n'est pas douteux, en effet, que la loi s'applique à l'individu né d'une ex-Française aussi bien qu'à l'individu né d'un ex-Français. Elle peut être invoquée non seulement par l'individu né de parents dont *l'un* a perdu la qualité de Français, mais encore par celui dont les parents ont *tous deux* perdu notre nationalité. Il faut observer toutefois que le bénéfice de l'article 10 est limité à la première génération et qu'il ne s'étend pas aux petits-fils d'un ex-Français ou d'une ex-Française.

Les justifications à faire à cet égard varient suivant que le déclarant est fils d'un père qui a perdu la qualité de Français ou d'une mère qui a perdu la qualité de Française. Le déclarant doit produire dans les deux cas son acte de naissance et l'acte de mariage de ses père et mère, ou au besoin leurs actes de naissance, si leur état civil n'est pas complètement précisé par l'acte de mariage. Mais en outre, s'il est fils d'une ex-Française, il est tenu de représenter l'acte de naissance de sa mère et l'acte de naissance ou de mariage de son grand-père maternel. Ces documents suffiront dans la plupart des cas pour établir que les parents ou l'un d'eux ont été en possession de la nationalité française. Dans les hypothèses assez rares où cette preuve ne ressortirait pas avec une entière évidence des actes de l'état civil, il y aurait lieu d'exiger la production de toutes autres pièces pouvant servir à la compléter. (V. mod. n°˚ 3 et 4, p. 190.)

Cette première démonstration faite, il reste à établir que le père ou la mère, ou tous les deux, ont perdu la qualité de Français, et suivant la cause qui aura produit ce résultat, l'attestation à fournir variera sans qu'il soit possible d'en déterminer d'avance la forme et la nature. Elle pourra consister, par exemple, dans la représentation de l'acte qui a conféré au père du déclarant la naturalisation en pays étranger, ou qui lui a reconnu, par l'effet de la loi et sur sa demande, une nationalité étrangère (art. 17, § 1, du code civil), ou dans la production de la déclaration par laquelle le père aurait décliné notre nationalité conformément au § 4 de l'article 8 et aux articles 12 et 18 du code civil (art. 17, § 2). Dans certains cas même, aucune justification ne devra être exigée à cet égard, par exemple lorsque la perte de la qualité de Français résultera d'un événement historique, tel qu'un démembrement de territoire. Il n'est pas douteux, en effet, que le bénéfice de l'article 10 s'étend aux enfants des individus qui ont été Français et qui ont cessé de l'être par suite de la cession d'une partie du sol national, lorsque d'ailleurs ces enfants sont nés étrangers. A ce sujet, il est utile de rappeler que la jurisprudence de la cour de cassation refusant aux traités d'annexion ou de séparation tout effet rétroactif, décide qu'on doit considérer comme né d'un ex-Français l'individu né d'un père étranger d'origine, devenu Français par l'effet des conquêtes de la Révolution et du premier empire et qui a cessé de l'être par suite des stipulations des traités de 1814. Il en est de même de l'individu né, même en pays étranger, d'un Français d'origine, auquel les modifications territoriales de la France ont fait perdre la qualité de Français. (Voir mod. n°ˢ 3 et 4, p. 190.)

Au point de vue des énonciations que doit contenir la déclaration souscrite en vertu de l'article 10, il est nécessaire de distinguer suivant que le déclarant est né à l'étranger ou en France. Dans ce dernier cas, en effet, la déclaration n'est pas toujours nécessaire pour réclamer la qualité de Français et elle est parfois impossible. L'individu né en France d'un ex-Français est Français de plein droit en vertu de l'article 8, § 4, s'il est domicilié en France à l'époque de sa majorité et s'il ne réclame pas dans l'année suivante la qualité d'étranger; et si, domicilié en France et appelé sous les drapeaux, lors de sa majorité, il revendique la qualité d'étranger, il est déchu du bénéfice de la loi (art. 10, *in fine*). Par conséquent, l'étranger né d'un ex-Français sur notre territoire ne doit être admis à souscrire une déclaration de nationalité que dans l'hypothèse où il n'était pas domicilié en France à l'époque de sa majorité. Tel est le motif de la disposition de l'article 10 du décret du 13 août 1889, ainsi conçu : « L'individu né en France de parents dont l'un a perdu la qualité de Français et qui réclame cette qualité en vertu de l'article 10 du code civil, doit établir quel était son domicile et celui de ses parents à l'époque de sa majorité, telle qu'elle est fixée par la loi française. » La déclaration doit donc contenir à cet égard une mention explicite, appuyée d'un certificat officiel dûment légalisé. (V. mod. n° 4, p. 193.)

J'ajoute que dans tous les cas, et pour les motifs indiqués dans le chapitre II de la présente instruction, les déclarations doivent être accompagnées d'un extrait du casier judiciaire.

Mentions relatives aux enfants du déclarant. — Les enfants mineurs de l'individu qui souscrit la déclaration de l'article 10 deviennent Français *ipso facto*, mais cette qualité ne leur est pas définitivement acquise. Aux termes de l'article 12, § 3 du code civil, ils peuvent la décliner dans l'année qui suit leur majorité, en se conformant aux dispositions de l'article 8, § 4.

D'autre part, si les enfants du déclarant sont nés en France d'une mère née elle-même sur notre territoire, ils sont Français en vertu de l'article 8, § 3, mais ils peuvent aussi, ainsi qu'il sera expliqué au paragraphe suivant, répudier cette qualité dans l'année de leur majorité et dans les formes de l'article 8, § 4.

Pour assurer l'unité de nationalité dans la famille et pour fixer définitivement le sort des enfants à ce point de vue, il conviendra que leur père, en usant pour lui du bénéfice de l'article 10, renonce en leur nom, conformément à la disposition de l'article 11 du décret du 16 août 1889, à la faculté de répudiation qui leur est accordée par les articles 12, § 3, et 8, § 3, du code civil. Il devra joindre alors aux autres pièces déjà fournies par lui l'acte de naissance de chacun de ses enfants mineurs. (V. modèles n°ˢ 3 et 4, p. 190.)

Mention relative à la femme du déclarant. — La femme de l'individu qui souscrit la déclaration prévue par l'article 10 est à ce moment nécessairement étrangère, soit par son origine, soit par l'effet de son mariage avec un étranger (code civil, art. 19). La déclaration ne peut produire à son égard aucun effet, et elle ne peut devenir Française que par la naturalisation si elle est étrangère de naissance, ou par la réintégration si elle est d'origine française. Elle devra être formellement interpellée sur le point de savoir si elle entend suivre son mari dans sa nouvelle nationalité. Si elle répond affirmativement, elle remettra sa demande de naturalisation ou de réintégration rédigée sur timbre et son acte de mariage. Si elle répond négativement, la déclaration devra se borner à énoncer son refus. (Modèles 3 et 4, p. 190.)

IV

Déclarations faites en vue de décliner la nationalité française.

PREMIER CAS.

Application de l'article 8, § 3 nouveau, du code civil.

L'article 8, § 3, du code civil attribuait d'une façon définitive et sans faculté de répudiation la qualité de Français à tout individu *né en France d'un étranger qui lui-même y était né*. On avait considéré que la naissance de deux générations successives sur notre territoire constituait une présomption suffisante de l'établissement durable de la famille en France. La cour de cassation, par un arrêt du 7 décembre 1891, a décidé que les mots *d'un étranger qui lui-même y est né* devaient être interprétés dans un sens large et s'appliquaient aussi bien à l'enfant né en France d'une mère qui y était née elle-même qu'à l'enfant né en France d'un père né lui-même sur notre sol. Il a paru que le texte qui autorisait une pareille interprétation donnait à la mère une influence excessive sur la nationalité de ses enfants, et la loi du 22 juillet 1893 est venue y apporter une restriction nécessaire.

Le nouvel article 8, § 3, est ainsi conçu : « Est Français... 3° Tout individu né en France de parents étrangers, dont l'un y est lui-même né ; sauf la faculté pour lui, si c'est la mère qui est née en France, de décliner dans l'année qui suivra sa majorité la qualité de Français, en se conformant aux dispositions du paragraphe 4 ci-après. »

Désormais, la double naissance sur le sol français du père et de l'enfant assure encore à ce dernier, comme sous l'empire de la loi du 26 juin 1889, la nationalité française d'une manière ferme et sans répudiation possible. La double naissance sur notre territoire de la mère et du fils confère aussi à celui-ci notre nationalité, mais dans ce cas l'enfant peut la répudier à sa majorité. Il conserve ainsi l'option entre deux nationalités vers lesquelles peuvent, suivant les cas, l'attirer sa situation personnelle, ses intérêts ou toute autre circonstance de fait.

La loi nouvelle a fixé en second lieu, à ce point de vue particulier, la condition de l'enfant naturel. En principe et aux termes de l'article 8, § 1, du code civil, l'enfant naturel, en cas de reconnaissances successives, suit la nationalité de celui de ses auteurs à l'égard duquel sa filiation a été d'abord établie, et en cas de reconnaissances simultanées, il suit la nationalité de son père. Cette règle est maintenue, et l'article 8, § 3, II, décide : 1° que si le parent dont l'enfant doit suivre la nationalité est né en France, l'enfant naturel sera Français sans faculté de répudiation ; 2° que si le parent né en France ne reconnaît l'enfant qu'en second lieu, la faculté de répudiation demeure réservée.

« L'enfant naturel pourra, aux mêmes conditions que l'enfant légitime, décliner la qualité de Français, quand le parent qui est né en France n'est pas celui dont il devrait, aux termes du paragraphe 1er, deuxième alinéa, suivre la nationalité. »

Le rapport fait à la Chambre des députés fournit à cet égard les explications suivantes, qu'il n'est pas inutile de reproduire : « Quand l'enfant aura été reconnu d'abord par celui de ses parents qui est né en France, que ce soit le père ou que ce soit la mère, celui-ci sera Français d'une manière ferme sans qu'il puisse répudier. Il en sera de même quand les parents ayant reconnu l'enfant dans le même acte, c'est le père qui sera né en France. C'est l'application pure et simple de la loi de 1889. Dans les cas suivants, au contraire, l'enfant sera Français, mais il pourra répudier à sa majorité. C'est : 1° quand le père étranger né hors de France et la mère née en France reconnaissent tous deux l'enfant par le même acte, ou que le père le reconnaît d'abord et la mère ensuite ; 2° quand la mère étrangère qui n'est pas née en France reconnaît l'enfant la première et que le père né en France le reconnaît ensuite. »

Je dois enfin signaler spécialement la disposition transitoire qui forme l'article 2 de la loi du 22 juillet 1893. Depuis la promulgation de la loi du 26 juin 1889, un certain nombre d'individus nés en France d'une mère étrangère qui elle-même y était née ont répudié à leur majorité la qualité de Français. Leurs déclarations ont été rejetées comme illégales, et ceux qui les avaient souscrites ont été considérés comme Français, malgré la manifestation d'une volonté contraire ; d'autres ont cru inutile de lutter contre la doctrine établie et l'ont subie à contre-cœur. Il a semblé qu'il ne convenait pas de retenir de force, en vertu d'une loi désormais abrogée, dans les liens de notre nationalité ceux qui désiraient s'en affranchir.

C'est pourquoi l'article 2 de la loi dispose :

« Les individus auxquels l'article 8, § 3 modifié, réserve la faculté de réclamer la qualité d'étranger et qui auront atteint leur majorité à l'époque de la promulgation de la présente loi, pourront réclamer cette qualité en remplissant les conditions prescrites dans le délai d'un an, à partir de cette promulgation. »

Le texte s'applique à tous ceux qui, ayant atteint lors de la promulgation de la loi leur vingt-deuxième année, se trouveraient exclus du droit de répudiation concédé par l'article 8, § 3 nouveau. Ils pourront, quel que soit leur âge, réclamer la qualité d'étranger pendant un délai d'un an, qui a commencé à courir du jour de la promulgation de la loi, c'est-à-dire le 22 juillet 1893, et qui durera par conséquent jusqu'au 22 juillet 1894 inclusivement.

DEUXIÈME CAS.

Application de l'article 8, § 4, du code civil.

L'article 8, § 4, du code civil déclare Français « tout individu né en France d'un étranger et qui à l'époque de sa majorité est domicilié en France ». Mais il lui réserve la faculté de décliner la qualité de Français dans l'année qui suit sa majorité telle qu'elle est fixée par la loi française. Les individus auxquels s'applique l'article 8, § 4, sont ceux-là mêmes auxquels s'applique l'article 9, § 4, sous une seule différence. Dans le cas de l'article 9, § 1, ils sont domiciliés à l'étranger, tandis que dans le cas de l'article 8, § 4, ils sont domiciliés en France. C'est le fait du domicile en France qui crée pour ces derniers, au point de vue de la nationalité, une situation meilleure. Tandis que le fils né en France d'un étranger, domicilié à l'étranger à l'époque de sa majorité, est considéré comme étranger, sauf faculté d'acquérir la qualité de Français par simple déclaration, le fils né en France d'un étranger, mais domicilié en France à l'époque de sa majorité, est considéré comme Français sauf la faculté de répudier cette qualité par simple déclaration. Le mot domicile ne doit pas être entendu d'ailleurs dans le sens rigoureusement juridique de l'article 102 du code civil. Le texte vise, d'après la déclaration formelle du rapporteur de la loi du 26 juin 1889 à la Chambre des députés, « les individus qui, nés en France, habitent encore notre pays à leur majorité : la résidence permanente équivaut ici au domicile ».

TROISIÈME CAS.

Application de l'article 12, § 3.

« Deviennent Français, dit l'article 12, § 3, les enfants mineurs d'un père ou d'une mère survivante qui se font naturaliser Français, à moins que dans l'année qui suivra leur majorité ils ne déclinent cette qualité en se conformant aux dispositions de l'article 8, § 4. » L'acquisition de la qualité de Français est, pour les enfants mineurs, la conséquence naturelle de la naturalisation de leur auteur, mais ils peuvent s'affranchir de cette conséquence en usant de la faculté de répudiation que la loi leur réserve. Le texte s'applique au cas où le père et la mère se font naturaliser simultanément, au cas où le père se fait naturaliser seul du vivant de la mère et au cas où la mère se fait naturaliser après le décès de son mari. Il est inapplicable au cas où la mère se ferait naturaliser seule du vivant de son mari et par exemple à la suite de son divorce.

QUATRIÈME CAS.

Application de l'article 18 du code civil.

Les enfants mineurs d'un père ou d'une mère qui ont perdu la qualité de Français et qui la recouvrent en vertu d'un décret de réintégration deviennent Français, à moins que dans l'année qui suivra leur majorité ils ne déclinent cette qualité en se conformant aux dispositions de l'article 8, § 4 (art. 18 du code civil). Ainsi les enfants mineurs du réintégré bénéficient de l'acquisition de la qualité de Français par le chef de la famille dans les mêmes conditions que les enfants mineurs du naturalisé. Comme ces derniers, ils deviennent Français de plein droit sous réserve de la faculté de répudiation. Il n'y a pas à distinguer d'ailleurs entre la réintégration du père et celle de la mère, sauf en ce qui concerne celle-ci, l'exception résultant du paragraphe 2 de l'article 19. Lorsqu'une femme française a perdu cette qualité par le fait de son mariage avec un étranger, elle peut recouvrer sa nationalité d'origine par un décret de réintégration après la dissolution de son mariage. Mais si cet événement a pour cause la mort de son mari, la réintégration de la mère devenue veuve n'assurera pas de plein droit à ses enfants mineurs la qualité de Français. Pour l'acquérir, ils devront être expressément compris sur la demande de la mère dans le décret de réintégration, ou faire ultérieurement l'objet d'un décret spécial si la demande en est faite par le tuteur autorisé par le conseil de famille.

Formes et conditions générales des déclarations en vue de décliner la nationalité française.

Les divers textes qui viennent d'être énumérés et qui autorisent la répudiation de la qualité de Français par voie de déclaration renvoient tous, pour les conditions à remplir et les formes à observer, aux dispositions de l'article 8, § 4, du code civil.

Les formes générales, qui sont communes à

toutes les déclarations de nationalité, ont été expliquées dans le chapitre premier de la présente instruction ; je n'y reviendrai pas. Je rappellerai seulement que la déclaration doit être accompagnée dans tous les cas de l'acte de naissance de l'intéressé et des actes de naissance de ses père et mère.

Quant aux conditions exigées par l'article 8, § 4, de tous ceux qui entendent décliner la qualité de Français, elles sont au nombre de deux. Le déclarant est tenu : 1° de prouver qu'il a conservé la nationalité de ses parents ; 2° d'établir qu'il ne s'est pas soustrait aux obligations de la loi militaire dans son pays d'origine.

Pour satisfaire à la première exigence, il devra produire « une attestation en due forme de son gouvernement » constatant qu'il est considéré par le pays dont il se réclame comme son national. La forme de cette attestation, l'autorité compétente pour la délivrer, ne sauraient être déterminées avec plus de précision, car elles varieront suivant les divers États.

Pour obéir à la seconde, il devra produire un certificat constatant qu'il a répondu à l'appel sous les drapeaux, conformément à la loi militaire de son pays, sauf les exceptions prévues aux traités. Le texte ajoute « s'il y a lieu », c'est-à-dire qu'il admet la possibilité de fournir aux lieu et place des certificats militaires d'autres justifications.

L'une et l'autre pièce devront être annexées à la déclaration et transmises avec elle au ministère de la justice en vue de la formalité essentielle de l'enregistrement. (V. mod. n° 5, p. 193.)

Il y a lieu d'observer, en terminant, que la plupart des individus qui souscrivent des déclarations de répudiation n'ont d'autre but que de se soustraire à l'application de nos lois militaires. En réclamant la qualité d'étranger, au moment des opérations du recrutement, ils échappent aux obligations qui pèsent sur tous nos nationaux, et il n'est pas rare de les voir, après quelques années, alors que leur âge les affranchit du service militaire actif, rechercher à nouveau notre nationalité par la voie de la naturalisation. Ma chancellerie rejette inévitablement les demandes ainsi formées par des hommes qui obtiendraient tous les avantages attachés à la qualité de Français, sans en accepter les charges. Mais il importe d'éviter aux intéressés toute surprise et de prévenir toute réclamation de leur part. Dans ce but, je désire que les juges de paix préviennent formellement les déclarants que, s'ils venaient à solliciter ultérieurement le bienfait de la naturalisation, cette faveur leur serait refusée, et la déclaration devra mentionner cet avertissement. (Modèle n° 5, p. 193.)

V
Des renonciations à la faculté de répudiation.

Les individus auxquels la loi reconnaît la faculté de répudier la qualité de Français peuvent être admis à fixer définitivement leur nationalité en renonçant par anticipation à la faculté de répudiation. Ce droit de renonciation résulte implicitement de la disposition de l'article 9, § 10 (ancien § 2), qui autorise le mineur né en France à souscrire par l'entremise de son représentant légal une déclaration acquisitive de nationalité, et l'article 14 du décret du 13 août 1889 l'a expressément consacré en indiquant que la renonciation doit être faite au nom du mineur par les personnes désignées dans l'article 9, § 4 (aujourd'hui § 11), du code civil.

Je me suis expliqué déjà sur l'application de ces règles aux enfants nés en France d'un étranger et qui seraient domiciliés en France au moment de leur majorité (art. 8, § 4). Elles sont les mêmes pour les enfants mineurs de naturalisés (art. 12, § 3) ou de réintégrés (art. 18) (modèle n° 6, p. 197). Et il n'est pas douteux qu'elles doivent, par identité de motifs, être étendues au cas nouveau de répudiation créé par la loi du 22 juillet 1893, c'est-à-dire au cas du mineur né en France d'un père né à l'étranger et d'une mère née elle-même en France (modèle n° 7, p. 199).

Je ne saurais trop insister pour que les juges de paix étudient avec soin et appliquent avec exactitude les instructions qui précèdent. Ma chancellerie reçoit trop souvent des déclarations de nationalité défectueuses, soit parce que ceux qui les ont souscrites ne réunissaient pas les conditions légales, soit parce que les formes ont été mal observées, soit parce que les pièces justificatives sont incomplètes. Les déclarations doivent être alors renvoyées pour subir les rectifications nécessaires ; il en résulte pour mes bureaux, pour les parquets et pour les juges de paix un surcroît de travail qui pourrait être évité, mais surtout il en résulte pour les intéressés des retards préjudiciables. La limitation du délai accordé par la loi nouvelle pour l'enregistrement obligatoire au ministère de la justice est un nouveau et plus puissant motif d'éviter, dans la mesure possible, toute perte de temps. La vigilance de vos substituts ne devra pas manquer de s'exercer pour la surveillance de cette partie importante du service des magistrats cantonaux.

Je vous prie de vouloir bien m'accuser réception de cette circulaire, dont je vous transmets des exemplaires en nombre suffisant pour qu'elle puisse être distribuée à vos substituts et à tous les juges de paix de votre ressort.

Recevez, monsieur le procureur général, etc.

Des devoirs de nos agents diplomatiques et consulaires au point de vue de l'application de la loi sur la nationalité.

L'article 9 du code civil, modifié par la loi du 22 juillet 1893, spécifie que : « tout individu né en France d'un étranger et qui n'y est pas domicilié à l'époque de sa majorité, pourra, jusqu'à l'âge de vingt-deux ans accomplis, faire sa soumission de fixer en France son domicile, et, s'il l'y établit dans l'année à compter de l'acte de soumission, réclamer la qualité de Français ».

D'autre part, l'article 8, paragraphe 3, du code civil nouveau, accorde à l'individu né en France d'un père étranger et d'une *mère née en France* la faculté de décliner la qualité de Français dans l'année qui suivra sa majorité.

De ces deux dispositions légales combinées avec l'article 9 du décret du 13 août 1889, résulte pour les agents diplomatiques et consulaires le devoir de recevoir les actes de soumission en vue d'acquérir la qualité de Français et les déclarations en vue de répudier cette qualité, mais ces agents ne peuvent, en aucun cas, recevoir des déclarations pour réclamer la qualité de Français, les juges de paix étant seuls compétents pour ce faire.

Ces actes de soumission ou ces déclarations, qui empruntent deux formes différentes suivant les espèces auxquelles ils s'appliquent, peuvent être faits par l'intéressé en personne ou par mandataire spécial, agissant en vertu d'une procuration authentique. L'agent diplomatique les inscrira sur un registre *ad hoc*, prévu par les circulaires des affaires étrangères des 24 mai 1875, 29 février 1889 et 1ᵉʳ mars 1890 (1); ils seront établis en double. Le déclarant sera as-

---

(1) Circ. aff. étrangères du 1ᵉʳ mars 1890 : « La loi sur la nationalité du 26 juin 1889, admet dans certains cas, l'acquisition de la qualité de Français par voie de simple déclaration. Elle reconnait également, à diverses catégories d'individus en possession de notre nationalité, le droit de décliner cette nationalité dans l'année qui suit leur majorité, telle qu'elle est fixée par la loi Française. Les articles 6 et 9 du règlement d'administration publique portant exécution de la loi précitée, stipulent qu'en cas de résidence à l'étranger, les déclarations dont il s'agit seront reçues par les agents diplomatiques ou consulaires et distinguent deux formes différentes que ces actes devront revêtir suivant les espèces auxquelles ils s'appliqueront.

« Vous continuerez, dès lors, à recevoir tantôt des actes

sisté de deux témoins de nationalité française, autant que possible, lesquels certifieront son identité.

de soumissions, tantôt des déclarations. Il importe, toutefois, de déterminer exactement les cas dans lesquels vous serez tenu de dresser l'un ou l'autre de ces actes.

« Ces déclarations ou actes de soumission qui peuvent d'ailleurs être faits par l'intéressé en personne ou par mandataire spécial, agissant en vertu d'une procuration authentique, seront inscrits sur le registre *ad hoc*, prévu par les circulaires des 24 mai 1875 et 29 février 1889; ils devront, en outre, être dressés en double exemplaire. Le déclarant sera assisté de deux témoins de nationalité française, si faire se peut, lesquels certifieront son identité, il aura à produire les pièces indiquées dans chacun des modèles spéciaux.

« Lorsqu'il s'agira d'une déclaration, vous aurez à transmettre immédiatement à mon département (sous le timbre de la direction politique, sous-direction du contentieux), les deux exemplaires dont il est fait mention plus haut. Ils seront adressés par mes soins à M. le garde des sceaux. Après transcription sur un registre spécial, l'un d'eux sera déposé dans les archives du ministère de la justice, l'autre, renvoyé par notre intermédiaire, à l'intéressé, avec mention de l'enregistrement (art. 6, 7 et 8 du décret du 13 août 1889).

« Au contraire, lorsque vous aurez reçu un acte de soumission, vous me ferez parvenir un seul des exemplaires et vous remettrez le second au déclarant en ayant soin de lui en faire donner récépissé (art. 9 du décret du 13 août 1889).

« Il est bien entendu qu'il n'est apporté aucune modification à l'état de chose antérieur, en ce qui concerne l'application de l'article 3 de la convention franco-suisse du 23 juillet 1879. Dans les cas que prévoit cet acte, vous continuerez à recevoir, comme par le passé, les déclarations.

« En ce qui touche les descendants de religionnaires auxquels est toujours applicable la loi du 15 décembre 1790, ils

Lorsqu'il s'agira d'un acte de soumission, l'agent qui l'aura reçu en transmettra un exemplaire au ministre des affaires étrangères et remettra l'autre à l'intéressé contre récépissé.

Au contraire, lorsqu'il s'agira d'une déclaration, l'agent transmettra immédiatement aux affaires étrangères, sous le timbre de la direction politique, les deux exemplaires de la déclaration qui seront adressés par les soins du ministre au garde des sceaux. Après transcription sur un registre spécial, un exemplaire sera déposé aux archives du ministère de la justice, et l'autre renvoyé à l'intéressé avec mention de l'enregistrement à la chancellerie (décret du 13 août 1889).

Ce qui précède n'infirme en rien les dispositions de la convention franco-suisse du 23 juillet 1879 qui reste en vigueur (V. *Sujets suisses*).

Quant aux descendants de religionnaires auxquels est toujours applicable la loi du 15 décem-

---

n'ont plus, d'après l'art. 4 de la loi du 26 juin 1889, à souscrire des déclarations de nationalité, et devront, le cas échéant, s'adresser au ministre de la justice, à l'effet d'obtenir un décret de naturalisation. »

bre 1790, ils n'ont plus, d'après l'article 4 de la loi du 26 juin 1889, à souscrire des déclarations de nationalité, et devront, le cas échéant, s'adresser directement au ministre de la justice, à l'effet d'obtenir un décret de naturalisation. Nos agents à l'étranger n'auront donc pas à recevoir les déclarations de cette nature. Mais, en vue de l'exécution de la loi sur le recrutement de l'armée, ils auront le devoir de signaler, chaque année, dans le courant du mois de Décembre au plus tard, par l'intermédiaire du ministère des affaires étrangères, aux préfets les jeunes gens inscrits sur les registres de leur ambassade ou consulat susceptibles de concourir à la formation de la classe.

Modèle d'acte de soumission effectué, soit par un majeur ou au profit d'un mineur, en vue d'une déclaration ultérieure pour réclamer la qualité de Français. (Art. 9, §§ 1 et 2 du code civil.)

———

L'an............et le............du mois d............ par-devant nous........................s'est présenté le sieur (1)............né le............à............ lequel nous a déclaré qu'il était né de (2)............mais que, n'étant pas domicilié en France à l'époque de sa majorité, (ou *nous a déclaré que son fils* (2) *désirant, bien qu'il soit encore mineur, s'assurer la qualité de Français*) il se soumet et s'engage par les présentes à fixer son domicile en France (ou *il se soumet et s'engage par les présentes au nom de celui-ci à fixer son domicile en France*), afin de pouvoir réclamer ultérieurement la qualité de Français conformément aux prescriptions de l'article 9 du code civil.

Dont acte.

Dressé par nous............à............ en présence de MM. (3)............lesquels ont attesté l'individualité du comparant, ont déclaré que ce qui précède est à leur connaissance personnelle et ont signé avec le déclarant et nous............après lecture faite.

(Signature du déclarant et des deux témoins.)   (Signature de l'agent diplomatique ou consulaire.)

———

(1) Nom, prénoms, profession, domicile.
(2) Nom, prénoms, date, lieu de naissance et domicile.
(3) Nom, prénoms, qualités, domicile des deux témoins.

Modèle d'acte de soumission d'un individu né en France ou à l'étranger de parents dont l'un a perdu la qualité de Français, ou d'une femme majeure étrangère dont le mari s'est fait naturaliser Français, en vue d'une déclaration ultérieure de nationalité. (Art. 9, 10 et 12 du code civil.)

———

L'an................ et le........ du mois de.................... par-devant nous... s'est présenté le sieur (1) (*ou la dame* (1).................................. né le............................ à...................... lequel (*ou laquelle*) nous a déclaré que son père ou sa mère (2)................. ayant perdu la qualité de Français en (3)........................ (*ou que son mari* (2) *ayant acquis la nationalité française*) il (*ou elle*) se soumet et s'engage par les présentes à fixer son domicile en France, afin de pouvoir réclamer ultérieurement la nationalité (ou la qualité de) française, conformément aux prescriptions des articles 9 et 10, pour le premier cas (9 et 12, § 2 pour le deuxième cas), du code civil.

Dont acte.

Dressé par nous.. en présence de MM. (4)............................. lesquels ont attesté l'individualité du (ou de la) comparant, ont déclaré que ce qui précède est à leur connaissance personnelle et ont signé avec le (ou la) déclarant et nous... après lecture faite.

———

(1) Nom, prénoms, profession, domicile.
(2) Nom, prénoms, profession, date, lieu de naissance, domicile.
(3) Indiquer la cause de la perte de la qualité de Français.
(4) Nom, prénoms, qualité et domicile des deux témoins.

Modèle de déclaration en vue de décliner la qualité de Français, souscrite par un étranger né en France et domicilié à l'étranger. (Art. 8, § 4 du code civil nouveau.)

L'an............ et le............ du mois de............ par-devant nous.. s'est présenté le sieur (1)................, né le............ à............ lequel nous a déclaré qu'étant né en France de (2)............ y étant domicilié lors de sa majorité, mais résidant actuellement à l'étranger et n'ayant pas vingt-deux ans accomplis, il veut décliner la qualité de Français que lui confère l'article 8, § 4, du code civil et réclame la nationalité (3)............

A l'appui de sa déclaration, le sieur............ nous a remis :

1° Son acte de naissance ;
2° L'acte de naissance ou de mariage de son père ;
3° Une attestation en due forme du gouvernement du pays dont il se réclame et constatant qu'il est considéré comme son national ;
4° Un certificat constatant qu'il a répondu dans son pays d'origine à l'appel sous les drapeaux.

Pièces qui seront annexées à la déclaration qui doit être adressée au ministre de la justice.

Étaient présents :

Les sieurs (4)..(âge, profession, qualités et demeure des témoins) ; lesquels nous ont attesté l'individualité du comparant, ont déclaré que ce qui précède est à leur connaissance personnelle et ont signé avec le déclarant et nous............ après lecture faite.

Nota. — Les pièces en langue étrangère seront accompagnées de leur traduction.

---

(1) Nom, prénoms, domicile.
(2) Nom, prénoms, date, lieu de naissance et domicile du père.
(3) Désignation de la nationalité.
(4) Nom, prénoms des témoins.

Les agents diplomatiques et consulaires étrangers accrédités en France ont-ils le droit de délivrer des attestations de nationalité ?

L'article 8, paragraphe 5 du code civil nouveau spécifie que « tout individu né en France d'un étranger et qui, à l'époque de sa majorité est domicilié en France, à moins que, dans l'année qui suit sa majorité, telle qu'elle est réglée par la loi française, il n'ait décliné la qualité de Français et prouvé qu'il a conservé la nationalité de ses parents par *une attestation en due forme de son gouvernement*, etc. »

Consulté sur l'interprétation de cette disposition, le conseil d'État, le 29 avril 1890, a émis l'avis (1) que « l'immatriculation sur les registres

---

(1) Avis du conseil d'État du 29 avril 1890 : « La section de législation consultée sur le point de savoir par qui doivent être délivrés l'attestation de la nationalité et le certificat d'accomplissement du service militaire à produire aux termes de l'article 8 § 4 du code civil par l'individu qui veut répudier la qualité de Français résultant pour lui du double fait de sa naissance et de son domicile sur le sol français à l'époque de sa majorité ;

Considérant que si, aux termes de l'art. 8 § 4, cet individu est Français, les questions que soulèvent les preuves à fournir sont de nature à faire naître des difficultés qui pour-

d'un poste diplomatique ou consulaire n'est pas toujours accompagnée de garanties assez com-

raient être utilement résolues par un accord diplomatique;

Mais qu'il importe, en attendant que cet accord soit intervenu, d'indiquer les conditions dans lesquelles seront produits l'attestation et le certificat visés dans l'art. 8 § 4 du code civil.

Sur la question de savoir:

Si cette attestation, en due forme, de sa nationalité doit être produite exclusivement par l'intermédiaire de l'agent diplomatique, ou si elle peut être fournie par des agents consulaires?

Considérant que l'immatriculation sur les registres d'un poste diplomatique ou consulaire n'est pas toujours accompagné de garanties assez complètes pour constituer à elle seule une preuve suffisante de nationalité; — que les agents diplomatiques, par suite de leur caractère officiel, engagent plus directement leur gouvernement et sont en outre mieux placés que les agents consulaires pour s'entourer de tous les renseignements et avis nécessaires en matière de nationalité; — que, par conséquent, leur compétence doit être admise de préférence, pour délivrer les attestations dont il s'agit,

Sur la question de savoir:

I. — *S'il est nécessaire que le certificat constatant que le répudiant a répondu à l'appel sous les drapeaux soit fourni alors même que l'intéressé n'est pas tenu au service militaire dans l'État dont il réclame la nationalité?*

Considérant qu'en demandant à l'intéressé de produire, en outre, et s'il y a lieu, le certificat constatant qu'il a répondu à l'appel sous les drapeaux, le législateur n'a visé que l'individu qui se prétend national d'un pays où le service militaire est obligatoire.

II. — *Si ce certificat doit être délivré par l'autorité militaire?*

Considérant que si le gouvernement français a le droit de s'assurer de l'authenticité du certificat produit, et s'il peut demander que les signatures soient certifiées conformes par

plètes pour constituer à elle seule une preuve suffisante de nationalité ; que les agents diplomatiques, par suite de leur caractère officiel, engagent plus directement leur gouvernement et sont, en outre, mieux placés que les agents consulaires pour s'entourer de tous les renseignements et avis nécessaires en matière de nationalité ; que, par conséquent, leur compétence doit être admise, de préférence, pour délivrer les attestations dont il s'agit. »

D'où il suit que les agents diplomatiques ont seuls qualité pour délivrer les attestations de nationalité et celles en vue du service militaire ; et que les attestations de cette nature délivrées par les agents consulaires ne sauraient être considérées comme légalement valables que tout autant qu'elles seront revêtues de l'approbation de l'ambassadeur ou du ministre accrédité en France.

l'agent diplomatique, il convient de s'en remettre, quant à l'autorité compétente pour délivrer ce certificat, à la législation du pays dont se réclame l'intéressé ; est d'avis : de répondre aux questions posées par le ministre de la justice dans le sens des observations qui précèdent. »

De la compétence des tribunaux et des obligations des préfets en matière de nationalité.

La plupart du temps les questions d'état surgissent lors de la formation des listes électorales (1) et des listes de recrutement (2). Ces

(1) Il est à remarquer que le décret organique du 2 février 1852, qui accorde la gratuité de l'instance et, en cas d'appel, la dispense d'amende pour les actes judiciaires et de procédure devant les *juridictions électorales*, n'étend pas la même faveur aux instances dans lesquelles se discutent préjudiciellement des questions d'État ou de *nationalité*, notamment aux instances en dommages-intérêts fondées sur le caractère prétendu malicieux d'une demande en radiation des listes électorales. Sur cette question *la cour de cassation a rendu le 20 mai 1895 l'arrêt* qu'il nous paraît utile de reproduire :

« Attendu que les articles 22 à 24 du décret organique du 2 février 1852 n'accordent la gratuité de l'instance et en cas d'appel la dispense d'amende que pour les actes judiciaires et de procédure devant les juridictions électorales ; que ce bénéfice ne s'étend pas aux instances dans lesquelles se discutent préjudiciellement des questions d'État ou de nationalité; que cette solution s'imposait encore plus dans l'espèce où la cour a eu à statuer et a effectivement statué, comme aussi le tribunal de l'instance, sur une demande en dommages-intérêts dirigée par X... contre les demandeurs en cassation et fondée sur le caractère malicieux qu'il attribuait à leur action primitive »;

« Que l'existence d'un tel débat réfutait implicitement sans doute, mais virtuellement, les conclusions de ces derniers à fin de gratuité de l'instance et de dispense d'amende, puisque la nature purement électorale de l'instance qui leur ser-

questions ne peuvent être tranchées légalement que par les tribunaux civils.

vait de fondement se trouvait ainsi contredite et déniée ; que le moyen, soit sur le fond, soit sur le défaut de motifs, doit donc être écarté ; que le chef de violation, dans la procédure qui a été suivie, des art. 855 et suivants du code de procédure civile, est irrecevable comme proposé pour la première fois devant la cour de cassation. » (Arr. 20 mai 1895.)

(2) 1° En matière de recrutement, les tribunaux ne sont compétents que pour les demandes en nullité des engagements volontaires et les questions concernant l'État ou les droits civils des jeunes gens appelés au recrutement. Toutes les réclamations d'une nature différente, celles relatives aux exemptions, aux dépenses, à la formation des listes et à la libération, leur sont étrangères. Si des demandes de cette nature étaient portées devant eux, ils devraient se déclarer incompétents sur la réquisition des substituts, ou ceux-ci devraient élever le conflit, qui pourrait l'être aussi par le préfet qui doit être reçu à instruire et à défendre sur toutes les demandes concernant le recrutement par simple mémoire et sans ministère d'avoué.

Le tribunal compétent est le tribunal de première instance du domicile, soit de l'engagé volontaire, soit de l'appelé. Il est statué par les tribunaux, sans délai, à la requête de la partie la plus diligente, qui sera presque toujours le préfet. Les causes seront promptement vidées comme sommaires et urgentes, tant en première instance qu'en appel. Les jugements devront contenir seulement les conclusions, les motifs et le dispositif, sans que les mémoires puissent y être insérés. Les parties pourront se faire délivrer, par simple extrait, le dispositif des jugements interlocutoires et, s'il y a lieu à enquêtes, elles seront mises sous les yeux des juges. Les appels seront portés à l'audience sur simple acte et sans autre procédure, la partie qui succombera sera condamnée aux dépens (Extrait de la circ. just. du 7 juillet 1819).

Le préfet, au nom de l'administration, de même que les particuliers en leur nom propre, peuvent introduire une instance devant le tribunal civil du domicile de la partie en cause.

Lorsque la nationalité française est contestée à un individu qui se croit fondé à la posséder ou qu'il se prétend étranger, il doit introduire l'instance par assignation faite au préfet du département représentant l'État. Celui-ci transmet l'assignation au chef du parquet avec tous les renseignements qu'il possède, et le tribunal statue (V. notre *Traité du recrutement* ou notre *Guide de l'administration française.*)

De l'admission à domicile et de la validité du décret en vue de la naturalisation.

Le décret prononçant l'admission à domicile en France d'un étranger n'est valable que pendant cinq ans. D'autre part, la naturalisation ne peut être sollicitée et obtenue que trois ans après la date du décret d'admission à domicile. L'intéressé qui laissera écouler le délai de cinq années, sans demander sa naturalisation, se verra privé des avantages que lui conférait le décret.

S'il ne réunit pas les conditions de résidence et de stage il devra donc recommencer les mêmes formalités pour obtenir la naturalisation. Le mineur né à l'étranger de parents étrangers, tout en profitant du décret d'admission à domicile des parents, ne peut être naturalisé qu'à l'âge de vingt-deux ans révolus; mais dès sa majorité, s'il réunit les conditions de résidence et de stage, il peut obtenir la naturalisation *ipso facto*, sur sa demande. Pour le mineur, ainsi admis à domicile, le délai de cinq ans ne prendra date que du jour de sa majorité légale; ainsi un individu admis à domicile à dix-neuf ans, aura jusqu'à l'âge de vingt-six ans pour demander sa naturalisation.

D'autre part, l'étrangère dont le mari admis à domicile est décédé, bénéficie de l'autorisation accordée à celui-ci, pourvu qu'elle demande sa naturalisation avant l'expiration des cinq années et trois ans après l'admission à domicile du mari; les enfants mineurs profitent de ces mêmes dispositions.

Par eux-mêmes les mineurs non émancipés ne peuvent obtenir l'admission à domicile qu'après leur majorité. Peuvent, au contraire, l'obtenir, les mineurs émancipés et poursuivre leur naturalisation dans les conditions ordinaires.

Enfin, le bénéfice de l'admission à domicile n'oblige plus, comme sous l'ancienne législation, le titulaire de continuer à résider en France pour obtenir la naturalisation à l'expiration des trois années; il suffit qu'il conserve en France son principal établissement. Par suite, un étranger admis à domicile en France peut voyager librement à l'étranger pendant les trois années de stage, sans s'exposer à voir les effets du décret périmé.

D'une manière générale, sont habiles à solliciter et obtenir l'admission à domicile, les étrangers majeurs et domiciliés en France.

Nous avons indiqué dans l'exposé de la situation légale des étrangers, les droits et avantages dont ils jouissent en France après avoir obtenu leur admission à domicile en vertu d'un décret du chef de l'État. Nous ne ferons connaître ici que les formalités à remplir.

Tout étranger qui désire fixer légalement son domicile en France, en vue d'obtenir ultérieure-

la nationalité française, doit formuler une demande sur timbre de 60 centimes au ministre de la justice, accompagnée des pièces justificatives. Cette demande, qui contiendra l'engagement d'acquiter les droits de sceau de 175 fr. 25, peut être adressée directement à la chancellerie ou déposée à la préfecture du département de la résidence, qui procède à l'instruction préliminaire. Si l'intéressé n'est pas en mesure d'acquiter les droits de sceau, il devra en demander la remise totale ou partielle. (V. plus loin les pièces à produire.)

Des effets de la naturalisation au point de vue international et national.

Il arrive fréquemment que des étrangers réfractaires aux lois de leur pays, pour service militaire, questions politiques, électorales, ou autres délits pour lesquels l'extradition n'existe pas, se réfugient en France et sollicitent la naturalisation, dans la pensée de régler ainsi leur situation envers leur pays d'origine. Ces personnes sont absolument dans l'erreur : *La naturalisation n'a pas pour effet de faire disparaître* ou d'effacer dans le pays d'origine les peines résultant de condamnations antérieures à la naturalisation, notamment en matière de recrutement, de questions électorales ou politiques.

En conséquence, le naturalisé réfractaire à la loi du recrutement dans son pays d'origine pourra être considéré et poursuivi dans son pays comme tel, sans que le gouvernement français, dont il est devenu le sujet, puisse légalement intervenir. Au point de vue international les effets de la naturalisation ne commencent strictement qu'à partir de la date du décret la conférant (1).

Il arrive également, dans les départements frontière, où les questions de nationalité prêtent souvent au doute, que des individus sont inscrits simultanément dans les deux pays limitrophes. De ce fait, ces individus se trouvent forcément réfractaires aux lois de l'une des deux nations; ils le seraient dans les deux, s'ils ne

---

(1) Art. 20 du code civil. « Les individus qui *acquerront* la qualité de Français dans les cas prévus par les art. 9, 10, 18 et 19, ne pourront *s'en prévaloir* que pour les droits ouverts à leur profit depuis cette époque.

remplissaient leurs obligations militaires dans aucune d'elles. La naturalisation qu'ils pourraient entre temps obtenir, dans une tierce nation, n'aurait pas pour effet de détruire leur insoumission dans aucune des deux nations initiales.

En effet, le Français encore soumis à des obligations militaires en France sera considéré comme réfractaire par nos lois, s'il obtient la naturalisation étrangère sans y être préalablement autorisé par le gouvernement français (1).

Nous indiquons ci-après les diverses catégories de personnes étrangères qui peuvent solliciter et obtenir la naturalisation française et les pièces à fournir à l'appui de toute demande.

De même que pour l'admission à domicile, les demandes de naturalisation ou de réintégration peuvent être adressées directement au ministère de la justice ou au préfet du département qui doit procéder à l'instruction réglementaire.

---

(1) La naturalisation étrangère, même régulièrement acquise, n'a pas pour effet d'annihiler, *ipso facto*, la compétence des tribunaux français préalablement saisis d'une question quelconque touchant l'individu qui vient de perdre la qualité de Français.

Peuvent être naturalisés français (1).

Aux termes de l'article 8, paragraphe 5, du code civil nouveau, peuvent être naturalisés :

1° Les étrangers qui ont obtenu l'autorisation de fixer leur domicile en France, conformément à l'article 13 ci-dessous, après trois ans de domicile en France, à dater de l'enregistrement de leur demande au ministère de la justice;

2° Les étrangers qui peuvent justifier d'une résidence non interrompue pendant dix années;

Est assimilé à la résidence en France le séjour en pays étranger, pour l'exercice d'une fonction conférée par le gouvernement français;

3° Les étrangers admis à fixer leur domicile en France, après un an, s'ils ont rendu des services importants à la France, s'ils y ont apporté des

---

(1) Le seul fait de servir dans la légion étrangère ne confère pas *de plano* la qualité de Français, mais cette qualité peut être conférée à un majeur avec remise des droits du sceau, après trois ans de service dans ce corps. (Sénatus-consulte du 14 juillet 1865.)

Celui qui a pris du service à l'étranger, sans l'autorisation du gouvernement français ou qui né en France a réclamé sa radiation des tableaux de recensement lors de la formation de sa classe, ne peut être naturalisé *qu'après avoir été admis à domicile en France* par décret du chef de l'État.

Enfin le petit-fils d'un ex-français ou d'une ex-française n'est pas admis au bénéfice de l'article 10 du code civil qui est limité à la première génération.

talents distingués ou s'ils y ont introduit soit une industrie, soit des inventions utiles, ou s'ils y ont créé soit des établissements industriels ou autres, soit des exploitations agricoles, ou s'ils ont été attachés, à un titre quelconque, au service militaire dans les colonies et les protectorats français ;

4° *L'étranger qui a épousé une Française, aussi après une année de domicile autorisé.*

Il est statué par décret sur la demande de naturalisation, après une enquête sur la moralité de l'étranger.

Pour la perte de la qualité de Français. (V. page 128.)

Pièces à produire à l'appui de toutes demandes d'admission à domicile, de naturalisation ou de réintégration, selon le cas, adressée au ministère de la justice (1).

Les pièces à produire à l'appui de toute demande d'admission à domicile, de naturalisation ou de réintégration sont les suivantes :

1° Demande sur papier timbré de 60 centimes adressée au ministre de la justice, contenant

(1) Les intéressés peuvent adresser directement et sans affranchissement leurs demandes au ministère de la justice.

l'engagement de payer les droits de sceau (175 fr. 25) ou les titres à une remise ;

2° Acte de naissance du postulant (original et traduction). A défaut d'acte de naissance, un acte de mariage, indiquant le lieu et la date de la naissance, peut être fourni ;

3° Acte de naissance ou de mariage des parents du postulant (original et traduction) ;

4° Extrait du casier judiciaire français (1) ;

5° Justification des services militaires dans le pays d'origine (2) ;

---

(1) Toute demande d'extrait du casier judiciaire, d'un individu né à l'étranger doit être rédigée sur papier timbré et adressée à M. le garde des sceaux, ministre de la justice, à Paris.

Elle doit indiquer :

1° Le nom du pétitionnaire ; 2° ses prénoms ; 3° le lieu et la date de sa naissance ; 4° les prénoms de son père ; 5° les nom et prénoms de sa mère ; 6° son domicile ; 7° son état civil et de famille (célibataire, marié ou veuf, et s'il a ou non des enfants) ; 8° sa profession ; 9° la destination de l'extrait.

La demande doit, en outre, être accompagnée d'un mandat-poste de la somme de 1 fr. 25, montant des droits fixés par les règlements ; mais l'intéressé peut envoyer sa demande au ministre sans l'affranchir.

Si l'individu est né sur le territoire français, cette demande sera adressée au chef du parquet de l'arrondissement d'origine.

(2) Art. 8, § 4 du code civil, v. page 112.

6° Justification d'une résidence non interrompue en France pendant les dix dernières années (pièces officielles ou ayant date certaine, baux, quittances de loyer, livret d'ouvrier, certificats de patrons ou de propriétaires légalisés). Si la justification concerne un homme âgé de moins de quarante ans, elle devra spécifier qu'il n'a fait pendant ces dix années aucune absence, même d'un jour pour se rendre dans son pays en vue de satisfaire à une obligation militaire quelconque (tirage au sort, revision, revues, etc.);

7° Acte de mariage (original et traduction);

8° Acte de naissance des enfants mineurs, s'il en a (original et traduction);

9° *La naturalisation du mari ne profitant pas à la femme*, celle-ci devra introduire une instance personnelle si elle désire recouvrer ou acquérir la qualité de Française. A cet effet, si elle est originaire de France ou d'Alsace-Lorraine, elle devra former un demande de réintégration, par application de l'article 17 du code civil. Si, au contraire, elle est d'origine étrangère, il lui suffira de signer la requête de son mari. *Dans les deux cas, elle devra produire ses actes de naissance et de mariage* (original et traduction);

10° Indication de la date de la déclaration que le postulant a dû souscrire par application du décret du 2 octobre 1888 ou de la loi du 8 août 1893.

Droits de sceau.

Les droits de sceau pour l'admission à domicile, la naturalisation ou la réintégration dans la qualité de Français sont de 175 fr. 25; ils doivent être versés soit à la trésorerie générale, soit à une recette de finances au compte du référendaire des sceaux qui, dès l'instruction terminée de la demande et préalablement à la signature du décret, en avise les intéressés. Ces derniers font parvenir directement le récépissé de versement qui leur aura été délivré, au référendaire qui fait les diligences nécessaires en vue de la promulgation du décret. Ces droits sont payés chaque fois qu'un décret intervient, c'est-à-dire, pour l'admission à domicile et la naturalisation.

Lorsque le mari, la femme et les enfants mineurs sollicitent simultanément la naturalisation, le mari seul est soumis aux droits de sceau. Mais si la femme est seule en instance de naturalisation ou de réintégration, elle est tenue de payer préalablement ces droits.

Le gouvernement, par mesure de faveur, peut toujours accorder la remise totale ou partielle de ces droits aux personnes dépourvues de moyens ou ayant des titres à cette faveur (1).

Les marins de nationalité espagnole ou italienne qui viennent se fixer sur nos côtes et s'y attachent sans esprit de retour, sont admis également à bénéficier, sur leur demande, de la remise partielle ou totale des droits, et s'ils remplissent, bien entendu, toutes les autres conditions de stage et de moralité exigées pour obtenir la naturalisation.

Cette mesure exceptionnelle a été adoptée sur l'intervention du ministère de la marine en vue d'intérêts maritimes. (Circ. int. du 5 octobre 1888.)

(1) Les étrangers qui ont servi pendant trois ans dans la légion étrangère sont admis au bénéfice de cette faveur.

Toute demande d'admission à domicile, de naturalisation ou de réintégration devra être accompagnée d'une notice contenant les renseignements ci-après. Un double de cette notice est transmis au ministère de l'intérieur. (Circulaire du 21 janvier 1893.)

ÉTAT CIVIL.

MARI.	FEMME.
Nom :	
Prénoms :	
Né à	
le	
de père	
Profession :	
Domicile :	
Rue	

ENFANTS MINEURS.

1. .... né le .... à ....
2. .... né le .... à ....
3. .... né le .... à ....
4. .... né le .... à ....
5. .... né le .... à ....
6. .... né le .... à ....

Indiquer { du père du postulant : ....
la date { de la mère du postulant : ....
et le lieu { du père de la postulante : ....
de naissance { de la mère de la postulante : ....

RENSEIGNEMENTS.

Depuis combien de temps le postulant habite-t-il la France ?	
Quels sont les localités où il a résidé successivement ?	
Combien de temps a-t-il habité chacune d'elles ?	
A quelle date a-t-il souscrit la déclaration prévue par la loi du 8 août 1893 ?	
Sa conduite et sa moralité ont-elles donné lieu à quelques observations ?	
Jouit-il de la considération publique ?	
S'il est né en France, pour quel motif n'a-t-il pas satisfait à la loi du recrutement ?	
A-t-il été omis sur les tableaux de recensement ou a-t-il excipé de son extranéité ?	
A quelle date ?	
A-t-il satisfait à la loi militaire dans son pays d'origine ?	
Y est-il retourné à cet effet ?	
Si le postulant est Allemand quelle était sa résidence et quel a été l'emploi de son temps en 1870-71 ? (*Exiger des certificats officiels.*)	
Est-il célibataire, marié ou veuf ?	
Nombre, sexe et âge des enfants ?	
S'il a des enfants majeurs, ceux-ci sont-ils nés en France ?	

NATURALISATION. — RÉINTÉGRATION.

Si oui, ont-ils servi dans l'armée française?	
Ont-ils souscrit la déclaration de l'article 9 du code civil (ancien texte)?	
Ont-ils excipé de leur extranéité?	
Ont-ils satisfait à la loi militaire dans leur pays d'origine?	
Quelle est leur résidence?	
Désirent-ils être naturalisés?	
Quel est le montant du salaire ou du traitement du postulant?	
Que lui rapporte sa profession, s'il est commerçant?	
A-t-il personnellement de la fortune?	
Quel est le montant de son loyer, de sa patente et de ses contributions?	
Si la femme a une profession distincte, que lui rapporte cette profession?	
Quelles sont ses charges?	
Le postulant s'engage-t-il à payer les droits (175 fr. 25)?	
S'il ne peut en payer la totalité quelle somme offre-t-il?	
La somme offerte paraît-elle en rapport avec ses ressources?	
Le postulant a-t-il rendu quelques services publics ou accompli quelque acte de courage ou de dévouement de nature à justifier une remise totale?	
Pour quel motif le postulant demande-t-il la naturalisation?	

Quelle est son attitude politique?

Paraît-il avoir perdu tout esprit de retour dans son pays?

Le postulant a-t-il encore ses père et mère?

Quelle est leur résidence?

A-t-il des frères ou sœurs?

Age, résidence et profession de chacun d'eux?

Ont-ils la qualité de Français?

Avis motivé du maire de la commune de la résidence du postulant tant sur la demande principale que sur la remise des droits de sceau.

Avis motivé du sous-préfet de l'arrondissement.

Avis motivé du préfet tant sur la suite à donner à la demande que sur la remise des droits de sceau.

Notification du décret d'admission à domicile, de naturalisation ou de réintégration dans la qualité de Français.

Le décret du chef de l'État, qui accorde soit l'admission à domicile, soit la naturalisation ou la réintégration dans la qualité de Français est notifié par les soins du préfet au maire du lieu de la résidence qui, après en avoir pris note, le remet en original à l'intéressé contre récépissé.

Note du Ministère de la Justice relative à l'admission à domicile, à la naturalisation et à la réintégration dans la qualité de Français.

Admission à domicile.

Aux termes de la loi du 26 juin 1889, l'étranger qui veut obtenir l'autorisation de fixer son domicile en France conformément à l'article 13 du code civil, en vue de solliciter ultérieurement la naturalisation, doit adresser au ministre de la justice une demande rédigée sur papier timbré, accompagnée de son acte de naissance et de celui de son père, de la traduction de ces actes s'ils sont en langue étrangère, ainsi qu'un extrait du casier judiciaire français (1). La demande doit contenir

---

(1) La demande d'extrait du casier judiciaire doit être rédigée sur papier timbré. Cette demande doit présenter le nom du pétitionnaire, ses prénoms, le lieu et la date de sa naissance, les prénoms de son père, les nom et prénoms de sa mère, son domicile, son état civil et de famille et sa profession ; elle doit être signée par lui.

Si le pétitionnaire est né en France, en Corse ou en Algérie, cette demande doit être adressée au Procureur de l'arrondissement d'origine et accompagnée d'un mandat-postal de 1 fr. 40, payable au greffier près ce tribunal.

Si le pétitionnaire est né à l'étranger, en Alsace-Lorraine

l'engagement d'acquitter les droits de sceau s'élevant à la somme de 175 fr. 25. L'admission à domicile n'est valable que pour une durée de cinq années à partir de la demande. A l'expiration de ce délai elle est périmée si l'étranger n'a pas formé une demande en naturalisation ou si sa requête a été rejetée.

Naturalisation.

La naturalisation peut être accordée :

1° Après trois ans de domicile autorisé, à tout étranger qui a obtenu son admission à domicile. (Le point de départ des trois années est le jour de l'enregistrement de la demande au ministre de la justice);

2° Après une année de domicile autorisé, à l'étranger qui a épousé une Française;

3° Également après une année de domicile autorisé, aux étrangers qui ont rendu des services importants à la France, y ont apporté des talents distingués ou introduit soit une industrie, soit des inventions utiles, créé soit des établissements industriels ou autres, soit des exploitations agricoles, ou qui ont été attachés, à un titre quelconque, au

ou dans les colonies, cette demande doit être adressée au garde des sceaux, ministre de la justice, et accompagnée d'un mandat-postal de 1 fr. 40, payable au greffier près le tribunal d'arrondissement du domicile.

service militaire dans les colonies ou les protectorats français ;

4° Sans autorisation préalable de fixer leur domicile en France, aux étrangers qui justifient qu'ils résident en France depuis dix années au moins sans interruption.

L'étranger qui veut obtenir sa naturalisation doit, dans tous les cas, rédiger sa demande sur papier timbré et y joindre son acte de naissance, l'acte de mariage de ses père et mère ainsi que leurs actes de naissance si l'acte de mariage n'indique pas exactement les noms, prénoms, dates et lieux de naissance des conjoints, un extrait du casier judiciaire (1) et, le cas échéant, son acte de mariage ainsi que les actes de naissance de ses enfants mineurs, avec la traduction de ces actes, s'ils sont en langue étrangère. Il doit prendre l'engagement de payer les droits (175 fr. 25).

S'il sollicite la naturalisation en vertu soit du n° 2, soit du n° 4 ci-dessus, il doit produire en outre : dans le premier cas, l'acte de naissance de sa femme et l'acte de naissance du père de celle-ci ; dans le second cas, des documents établissant qu'il réside en France depuis les dix dernières années (pièces officielles ou ayant date certaine, baux, quittances de loyer, patentes, livret d'ouvrier, certificats de patrons ou de propriétaires légalisés).

L'admission à domicile et la naturalisation étant des mesures prises exclusivement dans l'intérêt personnel des étrangers qui les obtiennent, la remise partielle des droits ne peut jamais être accordée qu'aux postulants qui ont des titres à cette faveur et qui justifient de l'impossibilité d'acquitter les droits entiers ; la remise totale n'est accordée qu'à titre exceptionnel, en considération notamment de services publics ou d'actes de courage et de dévouement, de distinction acquise dans les arts, les sciences ou les lettres…

Réintégration.

Les Alsaciens-Lorrains nés *avant* le 1er janvier 1851 qui veulent recouvrer leur nationalité d'origine peuvent solliciter la réintégration dans la qualité de Français par application de l'article 18 du code civil.

La demande tendant à la réintégration doit être rédigée sur papier timbré et accompagnée de l'acte de naissance ainsi que d'un extrait du casier judiciaire.

Les Alsaciens-Lorrains nés *après* le 1er janvier 1851 et *avant* le 20 mai 1871 ne peuvent demander la réintégration que s'ils sont munis d'un permis d'émigration de l'autorité allemande, ou d'un certificat de réforme dans l'armée allemande ou s'ils peuvent justifier de services militaires dans l'armée française. Dans le cas contraire, ils pourront solliciter la naturalisation à la condition de justifier d'une résidence non interrompue en France pendant les dix années précédant l'introduction de leur demande; sinon ils se borneront à demander l'admission à domicile dans la forme indiquée ci-dessus.

La femme et les enfants *majeurs* de l'étranger qui demande à devenir Français soit par la naturalisation, soit par la réintégration doivent, s'ils désirent obtenir eux-mêmes la qualité de Français, sans condition de stage, par application des articles 12 et 18 du code civil, joindre leur demande de naturalisation à la demande faite par le mari, par le père ou par la mère.

Aux termes des mêmes articles, les enfants *mineurs* d'un père ou d'une mère survivant naturalisés ou réintégrés deviennent Français.

Des déclarations.

Les individus majeurs nés en Alsace-Lorraine *après* le 20 mai 1871 d'un père devenu allemand par l'annexion, peuvent acquérir la qualité de Français en souscrivant devant le juge de paix du canton de leur résidence avec l'assistance de deux témoins la déclaration prévue par l'article 10 du code civil. (Pièces à produire : acte de naissance, acte de naissance ou de mariage du père et du grand'père paternel, originaux et traductions.)

Pareille déclaration peut être souscrite au nom

des individus mineurs nés en Alsace-Lorraine après le 20 mai 1871 par leur père, en cas de décès de celui-ci par leur mère, et en cas de décès de l'un et de l'autre par le tuteur dûment autorisé par le conseil de famille.

Les demandes d'admission à domicile, de naturalisation, de réintégration et d'extrait du casier judiciaire central adressées au garde des sceaux ministre de la justice, peuvent être envoyés directement par la poste, sans affranchissement.

Toutefois les référendaires au sceau de France chargés de la perception et du versement des droits, peuvent également présenter les demandes et agir comme conseils ou mandataires des parties intéressées, si celles-ci désirent recourir à leur ministère.

Liste alphabétique des pays ou localités réunis à la France depuis 1789 jusqu'en 1814 et date de l'acte qui a prononcé la réunion (1).

NOMS DES PAYS RÉUNIS.	DATE DE LA RÉUNION (Acte législatif).
Aldorff (Bas-Rhin)	14 mars 1793.
Appenhofen (Bas-Rhin)	14 mars 1793.
Armsberg (Moselle)	14 février 1793.
Arsweiler	14 février 1793.
Avignon (Comté d')	14 septembre 1791.
Barbelrod (Bas-Rhin)	14 mars 1793.
Bardi	16 vendémiaire an XIV.
Belgique	9 vendémiaire an IV (2).
Berg (Duché de)	30 mars 1806.
Bergzabern (Bas-Rhin)	14 mars 1793.
Biding (Moselle)	20 mars 1793.
Billichheim (Bas-Rhin)	14 mars 1793.
Bouillon (Territoire) et communes qui en dépendent	4 brumaire an IV.
Brabant (Majorité des communes)	9 vendémiaire an VI.
Bruxelles (Ville, faubourg et banlieue)	1er mars 1793.
Capraja (Ile de)	9 messidor an XIII.
Clèves (Duché de)	30 mars 1806.
Corse (Ile de)	Janvier 1769.
Crehange (Moselle)	14 février 1793.
Dierbach (Bas-Rhin)	14 mars 1793.
Dombes (et dépendances) [Ain]	16 octobre 1791.
Effingen	14 mars 1793.
Elbe (Ile d')	8 fructidor an X.
Enting (Moselle)	20 mars 1793.

(1) Nous empruntons cet important tableau au *Manuel d'extranéité* de M. l'Esprit et au *Manuel-Formulaire de la naturalisation* de M. de Taillandier.

(2) Cette date est celle de la réunion à la France de la totalité de la Belgique et de son organisation en 9 départements, mais diverses parties de la Belgique avaient été antérieurement réunies à la France. On peut citer les décrets de la Convention nationale des 2 et 4 mars et 8 mai 1793 qui ont réuni les pays de Liége, Stavelot, Logne et Malmédy; ceux des 1, 2, 6, 8, 9, 11, 19 et 23 mars 1793 qui ont réuni le Hainaut, le Tournaisis, le pays de Namur et un grand nombre des communes de la Flandre et du Brabant. Les 9 départements qui composaient la Belgique étaient : 1° La Dyle (chef-lieu Bruxelles); 2° L'Escaut (chef-lieu Gand); 3° La Lys (chef-lieu Bruges); 4° Jemmapes (chef-lieu Mons); 5° Les Forêts (chef-lieu Luxembourg); 6° Sambre-et-Meuse (chef-lieu Namur); 7° Ourthe (chef-lieu Liége); 8° Meuse-Inférieure (chef-lieu Maëstricht); 9° Deux-Nèthes (chef-lieu Anvers).

Pour connaître les communes comprises dans chaque département, il faut se reporter au *Bulletin des Lois*. La table générale indique, au nom du département, le numéro du Bulletin qui contient l'organisation et la composition du département. (A. de Taillandier.)

NOMS DES PAYS RÉUNIS.	DATE DE LA RÉUNION (Acte législatif).
Eppenbrunnen (Moselle)........	14 février 1793.
Erlembach (Bas-Rhin).........	14 mars 1793.
États-Romains	17 février 1809.
Flandre (Majorité des communes)	9 vendémiaire an IV.
Flessingue (Ville et dé end.) [Escaut].....................	21 janvier 1808.
Florence	24 mai 1808.
Franchimont (Communes du pays de)	2 mars 1793.
Freisbach (Bas-Rhin)	14 mars 1793.
Gand (Escaut)................	2 mars 1793. An XIII. 17 prairial et 16 vendémiaire an XIV.
Gênes.......................	2 mars 1793. An XIII 27 prairial et 16 vendémiaire an XIV.
Genève (République de)	28 floréal an VI.
Glingenmester (Bas-Rhin)......	14 mars 1793.
Gommerstein (Bas-Rhin)	14 mars 1793.
Guastalla (Principauté de)	14 prairial an XIII. 24 mai 1808.
Hainaut (Jemmapes)...........	2 mars 1793.
Heichelheim (Bas-Rhin)........	14 mars 1793.
Henrichemont (Pays de).......	27 sept., 4 novembre 1791.
Herchiersveiler (Bas-Rhin)	27 sept., 4 novembre 1791.
Hilscht (Moselle)..............	14 février 1793.
Hollande....................	9 juillet et 13 décembre 1810.
Horbach (Bas-Rhin)...........	14 mars 1793.
Illyrie (Province d')...........	14 octobre 1809.
Ilveisheim (Bas-Rhin)..........	14 octobre 1809.
Kaplen (Bas-Rhin)............	14 mars 1793.
Karschirch (Communes du pays de)........................	4 février 1793.
Kehl (Ville et dépendances) [Bas-Rhin].....................	21 janvier 1803.
Kleisborbach (Bas-Rhin).......	14 mars 1793.
Kleiszellen (Bas-Rhin).........	14 mars 1793.
Klingen (Bas-Rhin)............	14 mars 1793.
Kroepen (Moselle).............	14 février 1793.
Lauenbourg..................	13 décembre 1810.
Lelling-Empire (Moselle).......	20 mars 1793.
Liège (Pays de)...............	8 mai 1793.
Limbourg....................	9 vendémiaire an IV.
Livourne.....................	24 mai 1808.
Logne (Communes du pays de)..	2 mars 1793.
Lutzelhart (Moselle)	14 février 1793.
Luxembourg.................	9 vendémiaire an IV.
Maestricht	9 vendémiaire an IV.

NOMS DES PAYS RÉUNIS.	DATE DE LA RÉUNION (Acte législatif).
Malmedy..................	9 vendémiaire an IV.
Mertzheim (Bas-Rhin).......	14 mars 1793.
Monaco (Alpes-Maritimes)...	14 février 1793.
Mulhausen (République de)...	14 ventôse an VI.
Mulhoffen (Bas-Rhin).......	14 mars 1793.
Munster...................	27 avril 1811.
Namur (Ville et banlieue) [Sambre-et-Meuse]............	9 et 11 mars 1793.
Neuchâtel (Principauté de)...	30 mars 1806.
New-Hausen...............	27 avril 1811.
Nice (Alpes-Maritimes) (1)...	4, 5, 18 novembre 1792 et 31 janv. 1793 (1).
Niderhorbach (Bas-Rhin)....	14 mars 1793.
Niderhorst (Bas-Rhin)......	14 mars 1793.
Novi......................	16 vendémiaire an XIV.
Oberhausen (Bas-Rhin).....	14 mars 1793.
Oberhoffen (Bas-Rhin).....	14 mars 1793.
Oberhorst (Bas-Rhin)......	14 mars 1793.
Oberlimbach (Moselle).....	14 février 1793.
Parme (Duché de) [Taro]...	24 mai 1808.
Pelle-Lange (Moselle)......	14 février 1793.
Piémont (Pô, Doire, Marengo, Sézia, Spire, Tanaro)......	24 fructidor an X.
Plaisance (Duché de)......	24 mai 1808.
Pleichweiser (Bas-Rhin)....	14 mars 1793.
Pont-Pierre (Moselle)......	14 février 1793.
Porrentruy (Pays de Mont-Terrible)....................	23 mars 1793.
Port-Maurice..............	16 vendémiaire an XIV.
Saarwerden (Communes du pays de)...................	14 février 1793.
Salm (Communes de la principauté de) [Vosges]......	2 mars 1793.
San Remo.................	16 vendémiaire an XIV.
Sazanne..................	16 vendémiaire an XIV.
Savoie (Mont-Blanc).......	27 novembre 1792.
Savone...................	16 vendémiaire an XIV.
Scambourg (Partie dite le Bas-Office) [Moselle].........	14 février 1793.
Schwex (Moselle)..........	14 février 1793.
Stavelot (Communes du pays de).	2 mars 1793.
Steinfurt.................	27 avril 1811.

(1) De nouveau annexé à la France par le traité du 24 mars 1860. Les communes de Menton et de Roquebrune, qui faisaient partie du territoire de la Principauté de Monaco, ont été cédées à la France par le traité du 2 février 1861.

NOMS DES PAYS RÉUNIS.	DATE DE LA RÉUNION (Acte législatif).
Steinveihr (Bas-Rhin)	14 mars 1793.
Tetting (Partie allemande) (Moselle)	14 février 1793.
Toscane (États de) [Arno, Méditerranée, Ombrone]	3 juin 1805 et 24 mai 1808.
Tournay (Ville et banlieue)	6 mars 1793.
Trulben (Moselle)	14 février 1793.
Valais	12 novembre et 13 décembre 1810.
Venloo	9 vendémiaire an IV.
Volmersheim (Bas-Rhin)	14 mars 1793.
Volfisheim (Bas-Rhin)	14 mars 1793.
Vesel (Ville et dépendances) (Roer)	21 janvier 1808.
Winten (Bas-Rhin)	14 mars 1793.

CHAPITRE IV

DES OBLIGATIONS MILITAIRES IMPOSÉES AUX NATURALISÉS ET RÉINTÉGRÉS FRANÇAIS.

Service militaire.

D'une manière générale doivent être inscrits sur les tableaux de recrutement tous les individus nés en France, les fils d'agents diplomatiques et consulaires exceptés. Nous n'examinerons donc que les cas particuliers qui pourront faire exception à cette règle impérative et les conditions dans lesquelles les inscriptions ou les radiations devront s'effectuer.

Les préfets et les maires s'inspireront à cet effet des dispositions des lois des 26 juin 1889 et 22 juillet 1893 qui ont refondu et codifié notre législation en matière de nationalité.

Ces lois énumèrent d'abord (art. 8 modifié) cinq catégories de Français :

1° L'individu né d'un Français en France ou à l'étranger ;

2° L'individu né en France de parents inconnus ou dont la nationalité est inconnue ;

3° L'individu né en France d'un étranger qui lui-même y est né ;

3° L'individu né en France d'un étranger et qui, à sa majorité, est domicilié en France, à moins que, dans l'année de sa majorité, il ne répudie la qualité de Français en produisant les justifications prescrites ;

5° L'étranger naturalisé ou réintégré.

A ces cinq catégories d'individus, la loi du 15 juillet 1889, impose indistinctement l'obligation du service militaire. Il n'y a de différence que pour l'époque à laquelle ils doivent être inscrits sur les tableaux de recensement.

Il est inutile d'ajouter que les mineurs nés Français qui serviraient dans les armées étrangères ne perdent pas leur qualité de Français et doivent être inscrits sur les tableaux de recrutement de la classe à laquelle ils appartiennent par leur âge ; ils seront considérés comme réfractaires s'ils ne répondent pas à l'appel.

Jeunes gens nés en France d'un étranger qui lui-même y est né. — « Quant aux jeunes gens nés en France d'un étranger qui lui-même y est né, le premier alinéa de l'article 11 de la loi du 15 juillet 1889 (1) contient à leur égard une disposition abrogée.

» En visant, en effet, la loi du 16 décembre 1874, l'article 11 reconnaît à ces jeunes gens la

---

Art. 11. — « Les individus déclarés Français en vertu de l'article 1er de la loi du 16 décembre 1874 sont portés, dans les communes où ils sont domiciliés, sur les tableaux de recensement de la classe dont la formation suit l'époque de leur majorité. Ils sont soumis au service militaire s'ils n'établissent pas leur qualité d'étranger.

» Les individus nés en France d'étrangers et résidant en France sont également portés, dans les communes où ils sont domiciliés, sur les tableaux de recensement de la classe dont la formation suit l'époque de leur majorité telle qu'elle est fixée par la loi française. Ils peuvent réclamer contre leur inscription lors de l'examen du tableau de recensement et lors de leur convocation devant le conseil de revision, conformément à l'article 16 ci-après. S'ils ne réclament pas, le tirage au sort équivaudra pour eux à la déclaration prévue par l'article 9 du code civil. S'ils se font rayer, ils seront immédiatement déchus du bénéfice dudit article.

» Les mêmes dispositions sont applicables aux individus résidant en France et nés en pays étrangers soit d'un étranger qui depuis lors a été naturalisé Français, soit d'un Français ayant perdu la qualité de Français, mais qui la recouvrée ultérieurement, si ces individus étaient mineurs lorsque leurs parents ont acquis ou recouvré la nationalité française. »

faculté de répudier la qualité de Français dans l'année qui suit leur majorité et prescrit de retarder leur inscription jusqu'au recensement de la classe formée après l'époque de leur majorité. »

Aux termes de la loi du 26 juin 1889 et 22 juillet 1893 cette formalité n'existe plus. Ces jeunes gens sont irrévocablement Français, et prennent part au tirage avec les jeunes gens de leur âge.

Jeunes gens nés en France d'un père étranger et qui sont domiciliés en France à leur majorité. — « Pour les individus nés en France d'un étranger et domiciliés en France lors de leur majorité, les lois des 26 juin 1889 et 22 juillet 1893 les déclarent Français, mais sous condition résolutoire, c'est-à-dire, à moins qu'ils ne répudient la qualité de Français dans l'année de leur majorité telle qu'elle est fixée par la loi française. »

Fils mineurs d'un père ou d'une mère survivant qui se font naturaliser ou réintégrer Français. — « Sont également Français, sous condition résolutoire, dans les termes indiqués au paragraphe précédent, les enfants mineurs d'un père ou d'une mère survivant, qui se font naturaliser ou réintégrer Français. (Art. 12, § 3, et art. 18 du code civil.)

» Leur situation sous le rapport du recrutement, est régie par l'article 11, § 2 de la loi militaire stipulant qu'ils sont inscrits avec la classe dont la formation suit l'époque de leur majorité.

» Ils seront inscrits d'office sur les tableaux de recensement de la classe formée après l'époque de leur majorité, sans attendre qu'ils aient atteint l'âge de vingt-deux ans révolus. »

Si, après leur inscription, ils répudient la qualité de Français, ils ne devront être rayés, soit lors du tirage au sort, soit au moment de la revision, que s'ils produisent les justifications suivantes exigées par l'article 8, § 4 du code civil modifié (loi du 26 juin 1889), savoir :

1° Une déclaration souscrite par eux à l'effet de décliner la qualité de Français, et enregistrée au ministère de la justice ; 2° une attestation en due forme de leur gouvernement, annexée à la déclaration précitée ; 3° un certificat constatant qu'ils ont satisfait à la loi militaire dans leur pays (1).

Individus devenus Français par naturalisation ou réintégration. — « Comblant une lacune de l'ancienne législation, la loi du 15 juillet 1889 (art. 12) (2) assujettit formellement les naturalisés et les réintégrés au service militaire et prescrit de porter ces individus sur les tableaux de recensement de la première classe formée après leur changement de nationalité. Ils ne sont d'ailleurs astreints qu'aux obligations de service dues par la classe à laquelle ils appartiennent par leur âge.

» Dès qu'ils auront connaissance de la natu-

---

(1) Si, dans le pays dont se réclame le déclarant, le service militaire n'existe pas (comme en Angleterre), ou s'il en est dispensé pour ce motif qu'il appartient à une classe d'individus qui n'y est pas astreinte (comme les chrétiens en Turquie), un certificat constatant cette situation doit être produit au lieu et place du certificat exigé.

(2) Art. 12. — « Les individus devenus Français par voie de naturalisation, réintégration, ou déclaration faite conformément aux lois, sont portés sur les tableaux de recensement de la première classe formée après leur changement de nationalité.

» Les individus inscrits sur les tableaux de recensement en vertu du présent article et de l'article précédent ne sont assujettis qu'aux obligations de service de la classe à laquelle ils appartiennent par leur âge. »

ralisation ou de la réintégration accordée à ces hommes, les maires devront les inscrire d'office sur les tableaux de recensement, à moins qu'ils n'aient quarante-cinq ans révolus. »

Individus nés en France ou à l'étranger de parents dont l'un a perdu la qualité de Français. — « Aux termes de l'article 10 du code civil nouveau (1), les formalités et la déclaration prévues par l'article 9 pour l'acquisition de la qualité de Français sont permises *à tout âge* à l'individu né en France ou à l'étranger de parents dont l'un a perdu la qualité de Français, à moins que, domicilié en France et appelé sous les drapeaux lors de sa majorité, il n'ait revendiqué la qualité d'étranger.

» En conséquence, les maires devront inscrire ces individus sur les tableaux de recensement de la première classe formée après l'acceptation de leur déclaration, à moins qu'ils n'aient quarante-cinq ans révolus. »

En ce qui concerne les individus dont la

---

(1) Le bénéfice de l'article 10 est limité à la première génération ; les petits-fils d'un ex-français ou d'une ex-française ne peuvent donc pas en bénéficier.

situation est réglée par la convention franco-suisse du 29 juillet 1879, ils ne devront être inscrits sur les tableaux de recensement qu'après leur vingt-deuxième année. Exception est faite pour les jeunes gens qui auront renoncé à leur droit d'option pour la nationalité suisse. (V. *Sujets suisses*).

Enfants majeurs de l'étranger naturalisé ou réintégré Français. — « Les enfants majeurs de l'étranger naturalisé ou réintégré Français peuvent devenir eux-mêmes Français de deux manières : 1° par le décret qui confère la naturalisation à leur père ou à leur mère ; 2° à l'aide des formalités et de la déclaration prévues par l'article 9 du code civil modifié.

» Dans l'un et dans l'autre cas, les maires inscriront ces individus avec la première classe formée après leur changement de nationalité, tant qu'ils n'ont pas l'âge de quarante-cinq ans accomplis. »

Jeunes gens nés en France d'un étranger né hors de France et qui n'y sont pas domiciliés à leur majorité (art. 9 du code civil). — « L'individu qui étant né en France d'un étranger n'est point domicilié en France à sa majorité, peut, jusqu'à l'âge de vingt-trois ans accomplis, devenir Français par voie de déclaration, moyennant trois formalités : 1° faire sa soumission de fixer en France son domicile devant l'agent diplomatique ou consulaire de France le plus proche ; 2° l'y établir effectivement dans l'année à compter de l'acte de soumission ; 3° souscrire dans le même délai, devant le juge de paix du canton où il réside, la déclaration prévue par l'article 9 du code civil nouveau.

» Ces mêmes formalités peuvent être accomplies au profit de l'enfant mineur par ses représentants légaux (art. 9 du code civil nouveau § 2).

» Si la déclaration est souscrite *par un majeur*, les maires l'inscriront avec la première classe formée après l'enregistrement de la déclaration.

» Si elle est souscrite *par un mineur*, ce dernier sera inscrit d'office dès la formation de la classe à laquelle il appartient par son âge.

» Si, en l'absence de déclaration, un jeune homme de cette catégorie avait été inscrit par erreur sur les tableaux de recensement et qu'il eût pris part au tirage sans exciper de son extranéité, il deviendrait Français de plein droit et ne devrait pas être rayé des listes du recrutement (art. 9, du code civil nouveau, § 3). »

Jeunes gens dont la nationalité soulève une question judiciaire. — « Les maires n'hésiteront pas d'ailleurs à inscrire les jeunes gens sur la nationalité desquels ils auraient des doutes ; mais ils signaleront d'urgence les cas douteux aux préfets qui statueront ou introduiront, au nom de l'État, une instance devant le tribunal du domicile de l'inscrit, pour obtenir un jugement soit avant le tirage, soit, au plus tard, à l'époque de la réunion du conseil de revision.

» Si, lors de cette réunion, une solution judiciaire n'était pas intervenue, le conseil de revision rendrait une décision conditionnelle, conformément à l'article 31 de la loi militaire (1). »

---

(1) Art. 31. — « Lorsque les jeunes gens portés sur les tableaux de recensement ont fait des déclarations dont l'admission ou le rejet dépend de la décision à intervenir sur des questions judiciaires relatives à leur état ou à leurs droits civils, le conseil de revision ajourne sa décision ou ne prend qu'une décision conditionnelle.

» Les questions sont jugées contradictoirement avec le préfet, à la requête de la partie la plus diligente. Le tribu-

Enfant naturel.

Ainsi que nous l'avons indiqué plus haut, l'enfant naturel suit la nationalité de celui de ses parents à l'égard duquel, pendant sa minorité, sa filiation a été d'abord établie, et d'après le même article, la preuve de cette filiation doit résulter, soit d'une reconnaissance, soit d'un jugement; quant à l'acte de naissance, la législation n'en a pas fait mention parce que, selon la jurisprudence, cet acte ne fait pas, *à lui seul*, preuve de l'état de l'enfant (Cass. 29 novembre 1856), qui ne peut même pas l'invoquer comme commencement de preuve par écrit pour être admis à la recherche de la maternité (Cass. 28 mai 1810).

D'autre part, l'enfant né hors mariage, dont

nal civil du lieu du domicile statue sans délai, le ministère public entendu.

» Le délai de l'appel et du recours en cassation est de quinze jours francs à partir de la signification de la décision attaquée.

» Le recours est, ainsi que l'appel, dispensé de la consignation d'amende.

» L'affaire est portée directement devant la chambre civile.

» Les actes faits en exécution du présent article sont visés pour timbre et enregistrés gratis. »

la filiation n'a pas été établie pendant sa minorité par reconnaissance ou par jugement, se trouve encore, bien que sa mère ait été désignée dans l'acte de naissance, assimilé à l'enfant né de parents inconnus, et régi comme tel par le n° 2 § 1er de l'art. 8 du code civil, car pour que l'enfant soit qualifié né de parents inconnus, il n'est pas nécessaire que l'existence de ceux-ci soit ignorée, il suffit que sa filiation, quoique notoire en fait, n'ait pas été établie ni légalement, ni judiciairement. La loi néglige dans ce cas la filiation, pour ne considérer que la naissance et déclare Français de plein droit sans option l'individu de cette catégorie né en France. Il est donc Français tant qu'il reste dans cette situation, mais cette situation peut changer; avant sa majorité, sa filiation peut être établie; il suivra alors la nationalité du parent qui l'aura le premier reconnu, ou à l'égard duquel la preuve aura d'abord été faite.

Si ce parent, père ou mère peu importe, est étranger, l'enfant deviendra étranger. Il serait peut-être excessif de le déclarer Français de plein droit par ce fait qu'il peut cesser de l'être avant d'avoir atteint sa majorité (1). En réalité, si la filiation n'est pas établie judiciairement ou si l'un des parents ne l'a pas légalement reconnue, il restera français et *devra être inscrit sur les listes de recrutement des jeunes gens de son âge.*

Instruction générale sur la formation des classes de recrutement.

Jeunes gens visés par les articles 11 et 12 de la loi militaire (V. *suprà*). — « Les jeunes gens appelés à participer au tirage au sort dans les conditions spécifiées aux articles 11 et 12 de la loi, ne sont assujettis qu'aux obligations de

---

(1) Il nous paraît utile de rappeler à ce propos les explications contenues dans le rapport fait à la Chambre des députés lors du vote de la loi :

« Quand l'enfant aura été reconnu d'abord par celui de
« ses parents qui est né en France, que ce soit le père ou que
« ce soit la mère, celui-ci sera Français d'une manière ferme
« sans qu'il puisse répudier. Il en sera de même quand les
« parents ayant reconnu l'enfant dans le même acte, c'est
« le père qui sera né en France. C'est l'application pure et
« simple de la loi de 1889. Dans les cas suivants ou contraires,
« l'enfant sera Français, mais il pourra répudier à sa majo-
« rité. C'est : 1° quand le père étranger né hors de France et
« la mère née en France reconnaissent tous deux l'enfant
« par le même acte, ou que le père le reconnaît d'abord et
« la mère ensuite ; 2° quand la mère étrangère qui n'est pas
« née en France le reconnaît ensuite. »

service de la classe à laquelle ils appartiennent par leur âge.

» Le président signale ces jeunes gens à l'attention du conseil de revision, qui rend à leur égard une décision indiquant la classe avec laquelle ils marchent.

» Cette décision est consignée en regard du nom de l'inscrit.

» Ces jeunes gens ne sont pas des omis ; ils peuvent réclamer les dispenses survenues postérieurement à la formation de la classe à laquelle ils sont ainsi reportés. »

En résumé, les individus qui ont acquis la qualité de Français par voie de déclaration devant le juge de paix, de naturalisation ou de réintégration par décret, sont assujettis aux obligations militaires ci-après :

1° Accompliront *trois années* de service actif, ainsi que toutes les autres obligations militaires imposées aux jeunes gens de leur âge, les jeunes gens nés en France d'étrangers et pour lesquels les père, mère ou tuteur, auront souscrit pour eux, pendant leur minorité, devant le juge de paix, la déclaration en vue d'acquérir par anticipation la qualité de Français.

Ces jeunes gens seront inscrits d'office sur les tableaux de recensement de la classe à laquelle ils appartiennent par leur âge, c'est-à-dire à vingt ans révolus.

2° N'accompliront que *deux années* de service actif, les jeunes gens nés en France de parents étrangers qui n'auront souscrit la déclaration devant le juge de paix, en vue d'acquérir la qualité de Français, que dans leur vingt-deuxième année; ils suivront ensuite, pour les autres obligations militaires, le sort de la classe avec laquelle ils auront pris part au tirage au sort.

3° N'accompliront qu'*une seule année* de service actif, les jeunes gens qui, nés en France ou à l'étranger d'un père étranger et d'une mère née Française *et domiciliés à l'étranger à l'époque de leur majorité*, n'auront souscrit la déclaration devant le juge de paix que dans leur vingt-troisième année (V. *suprà*). Ces jeunes gens suivront ensuite le sort de la classe avec laquelle ils auront pris part au tirage au sort.

4° Suivront le sort de la classe à laquelle ils

appartiennent par leur âge, les étrangers naturalisés ou réintégrés Français.

Ainsi, par exemple, un étranger naturalisé Français, ou un ex-Français réintégré dans cette qualité à l'âge de vingt-quatre ans, prendra part au tirage avec la première classe formée après son changement de nationalité, mais il ne sera assujetti qu'aux obligations militaires imposées aux hommes de la réserve de l'armée active et de l'armée territoriale, c'est-à-dire aux deux manœuvres d'une durée chacune de quatre semaines pendant le temps qu'il passera dans ladite réserve, et à une période d'exercice de deux semaines et à une revue d'appel, pendant le temps qu'il passera dans l'armée territoriale et sa réserve (1).

Lorsque cet étranger ne sera naturalisé ou réintégré Français qu'à l'âge de trente-trois ans, par exemple, il tirera également au sort avec la première classe formée après son changement de nationalité, mais il ne sera soumis qu'aux obligations militaires auxquelles sont assujettis les hommes de l'armée territoriale et sa réserve.

(1) V. notre *Guide des réservistes et territoriaux.*

Si, au contraire, il n'est naturalisé ou réintégré Français qu'après l'âge de quarante-cinq ans, il ne sera plus tenu à aucune obligation militaire et ne devra ni être inscrit sur les tableaux de recensement, ni prendre part au tirage au sort.

Nous ajoutons, que tous les individus appartenant aux diverses catégories ci-dessus indiquées jouiront, *ipso facto*, de tous les droits à la dispense qu'ils pourront légalement invoquer, et de tous avantages et privilèges prévus par la loi de recrutement de l'armée (dispenses, ajournements, sursis, etc.).

Nous donnons plus loin la nomenclature de ces droits et des pièces à fournir, le cas échéant, soit au conseil de revision, soit au corps après incorporation.

Nous rappelons enfin que la loi du 22 juillet 1893 a créé, dans son article 1er, deux nouvelles catégories de Français sous condition résolutoire :

1° Individus nés en France d'un père étranger qui n'y est pas né et d'une mère qui y est née (1);

---

(1) N'est pas considérée comme étant née Française la femme née dans l'ancien comté de Nice ou la Savoie avant l'annexion.

2° enfants naturels, quand le parent qui est né en France n'est pas celui dont ils devaient suivre la nationalité, aux termes de l'art. 8, § 1ᵉʳ, 2ᵉ alinéa du code civil.

Conformément à l'article 11 de la loi du 15 juillet 1889, relatif à l'inscription des Français sous condition résolutoire, ces individus devront être inscrits avec la classe dont la formation suit l'époque de leur majorité, tout en n'étant assujettis qu'aux obligations de service de la classe à laquelle ils appartiennent par leur âge. — Ils peuvent également, sans attendre le recensement de la classe formée après la date de leur majorité, être inscrits sur les tableaux de la classe de leur âge, mais sur le vu d'une demande écrite par eux, déposée à la mairie, accompagnée d'une déclaration faite devant le juge de paix de leur domicile, en leur nom par leurs représentants légaux, déclaration portant qu'ils renoncent à se prévaloir de la qualité d'étranger, et enregistrée au ministère de la justice avant la publication des tableaux de recensement.

Les jeunes gens inscrits dans ces conditions seront prévenus que le fait de concourir ainsi à la formation de leur classe d'âge les astreint à toutes les obligations de service actif de cette classe, c'est-à-dire à trois ans, au lieu de deux qu'ils auraient eu à accomplir s'ils eussent attendu les opérations de la première classe formée après la date de leur majorité. — Mention en sera faite sur leur demande. La disposition transitoire contenue dans l'article 2 de la loi du 22 juillet 1893, réservait aux fils d'étrangers, dont la mère seule est née en France (1) et qui *étaient majeurs lors de la promulgation de ladite loi*, la faculté de réclamer la qualité d'étranger, dans le délai d'un an à partir de cette promulgation, qui a pris fin le 22 juillet 1894. En conséquence, tous les hommes, majeurs lors de la promulgation de cette loi, qui ne produiraient pas une déclaration de répudiation de la qualité de Français souscrite avant le 23 juillet 1894 et enregistrée au ministère de la justice (l'enregistrement peut être postérieur au 23 juillet 1894), devront être inscrits d'office sur les tableaux de recensement, sauf à en être rayés lors du tirage ou de la revision, s'ils produisent ultérieurement

(1) Voir note page 291.

cette pièce souscrite en temps utile. Ils ne seront pas considérés comme omis et marcheront avec leur classe d'âge. Mais devront être considérés comme omis ceux de ces individus qui n'ayant pas répudié la qualité de Français avant le 23 juillet 1894, ne seront inscrits sur les tableaux de recensement qu'ultérieurement à la formation de la classe de 1894 (1).

Taxe militaire. — L'étranger naturalisé ou réintégré dans la qualité de Français est soumis à la taxe militaire dans les conditions ordinaires prévues par l'article 35 de la loi du 15 juillet 1889 (2), s'il est exempté ou dispensé du ser-

---

(1) Lorsque des doutes s'élèvent sur la nationalité d'un individu et qu'il vient à être inscrit comme omis, après constatation de ce fait que le père, faute d'avoir opté dans les délais fixés par des conventions ou traités internationaux, était devenu Français et avait transmis cette qualité à son fils, le ministre de la guerre peut, par mesure administrative, n'astreindre celui-ci qu'aux seules obligations militaires restant dues par les hommes de la classe à laquelle il appartient par son âge. (Déc. Guer. du 28 juin 1895.)

(2) Art. 35, § 1er. A partir du 1er janvier qui suivra la mise en vigueur de la présente loi, seront assujettis au payement d'une taxe militaire annuelle ceux qui, par suite d'exemption, d'ajournement, de classement dans les services auxiliaires ou dans la seconde partie du contingent, de dispense, ou pour tout autre motif, bénéficieront de l'exonération du service dans l'armée active.

vice actif des *trois ans* auquel tout Français est astreint.

Ainsi un naturalisé ou réintégré avant l'âge de vingt-deux ans, qui prendra part au tirage au sort avec la première classe en formation, aura, s'il est reconnu bon par le conseil de revision, à accomplir deux années de service actif; et, s'il est exempté, ajourné, classé dans les services auxiliaires ou dispensé à l'un des titres prévus par la loi de recrutement, il sera passible de la taxe militaire proportionnellement au nombre d'années de service actif qu'il était tenu d'accomplir s'il avait été déclaré bon et compris dans la première portion du contingent.

Mais si ce même individu n'est appelé par son âge qu'à faire partie d'une classe libérée du service actif, c'est-à-dire s'il était âgé de plus de vingt-quatre ans lors de son inscription sur les tableaux de recensement, il échappe à la taxe militaire (1).

(1) V. notre *Traité du recrutement* ou notre *Guide des réservistes et territoriaux*.

Nomenclature des cas de dispense et des pièces à produire.

INDICATION DES SITUATIONS PRÉVUES PAR L'ARTICLE 21 DE LA LOI DU 15 JUILLET 1889.	INDICATIONS DES PIÈCES A PRODUIRE.
§ 1ᵉʳ DE L'ARTICLE 21 Aîné d'orphelins de père et de mère, ou aîné d'orphelins de mère, dont le père est légalement déclaré absent ou interdit..........	Certificat modèle A. Acte de mariage des père et mère. Actes de décès des père et mère. En cas d'absence ou d'interdiction du père, remplacer l'acte de décès de ce dernier par une copie du jugement déclarant l'absence ou prononçant l'interdiction. Remplacer le certificat A par le certificat B.
§ 2 DE L'ARTICLE 21 Fils unique ou aîné des fils d'une femme actuellement veuve......................	Certificat modèle C. Acte de mariage des père et mère. Acte de décès du père.
Petit-fils unique ou aîné des petits-fils d'une femme actuellement veuve.........	Certificat modèle D. Acte de mariage des aïeuls. Acte de mariage des père et mère. Actes de décès des père et mère. Acte de décès de l'aïeul.
Fils unique ou aîné des fils dont le mari est légalement déclaré absent ou interdit.	Certificat modèle E. Acte de mariage des père et mère. Copie du jugement déclarant l'absence ou prononçant l'interdiction.
Petit-fils unique ou aîné des petit-fils d'une femme dont le mari est légalement déclaré absent ou interdit..	Certificat modèle F. Acte de mariage des aïeuls. Acte de mariage des père et mère. Actes de décès des père et mère. Copie du jugement déclarant l'absence ou prononçant l'interdiction.
Fils unique ou aîné des fils d'un père aveugle	Certificat modèle G. Acte de mariage des père et mère. Certificat délivré par la commission spéciale de réforme.

INDICATION DES SITUATIONS PRÉVUES PAR L'ARTICLE 21 DE LA LOI DU 15 JUILLET 1889.	INDICATIONS DES PIÈCES A PRODUIRE.
Petit-fils unique ou aîné des petits-fils d'un grand-père aveugle...............	Certificat modèle H. Acte de mariage des aïeuls. Acte de mariage des père et mère. Acte de décès des père et mère. Certificat délivré par la commission spéciale de réforme.
Fils unique ou aîné des fils d'un père entré dans sa soixante et dixième année.	Certificat modèle I. Acte de mariage des père et mère. Acte de naissance du père.
Petit-fils unique ou aîné des petit-fils d'un grand-père entré dans sa soixante et dixième année...........	Certificat modèle J. Acte de mariage des père et mère. Actes de décès des père et mère. Acte de naissance de l'aïeul. Acte de mariage des aïeuls.
§ 3 DE L'ARTICLE 21 Fils unique ou aîné des fils d'une famille de sept enfants au moins............	Certificat modèle K. Acte de mariage des père et mère. Acte de naissance des enfants. Certificats de vie des membres de la famille. Certificat de vie des frères et sœurs.
5° ALINÉA DE L'ARTICLE 21 Puîné d'orphelins de père et de mère ou puîné d'orphelins de mère dont le père est légalement déclaré absent ou interdit (l'aîné des orphelins étant aveugle ou impotent)...............	Certificat modèle L. Acte de mariage des père et mère. Actes de décès des père et mère. Certificat délivré par la commission spéciale de réforme. En cas d'absence ou d'interdiction du père, remplacer l'acte de décès de ce dernier par une copie du jugement déclarant l'absence ou prononçant l'interdiction. Remplacer le certificat L par le certificat M.
Fils puîné d'une femme actuellement veuve (lorsque l'aîné des fils est aveugle ou impotent).............	Certificat modèle N. Acte de mariage des père et mère. Acte de décès du père. Certificat délivré par la commission spéciale de réforme.
Petit-fils puîné d'une femme actuellement veuve (lorsque l'aîné des petits-fils est aveugle ou impotent).	Certificat modèle O. Acte de mariage des aïeuls. Acte de décès de l'aïeul. Acte de mariage des père et mère. Actes de décès des père et mère. Certificat délivré par la commission spéciale de réforme.

INDICATION DES SITUATIONS prévues par l'article 21 de la loi du 15 juillet 1889.	INDICATIONS des pièces à produire.
Fils puîné d'une femme dont le mari est légalement déclaré absent ou interdit (lorsque l'aîné des fils est aveugle ou impotent).....	Certificat modèle P. Acte de mariage des père et mère. Copie du jugement déclarant l'absence ou prononçant l'interdiction. Certificat délivré par la commission spéciale de réforme.
Petit-fils puîné d'une femme dont le mari est légalement déclaré absent ou interdit (lorsque l'aîné des petits-fils est aveugle ou impotent).....................	Certificat modèle Q. Acte de mariage des aïeuls. Acte de mariage des père et mère. Actes de décès des père et mère. Copie du jugement déclarant l'absence ou prononçant l'interdiction. Certificat délivré par la commission spéciale de réforme.
Fils puîné d'un père aveugle ou entré dans sa soixante et dixième année (lorsque l'aîné des fils est lui-même aveugle ou impotent).....	Certificat modèle R. Acte de mariage des père et mère. Acte de naissance du père. Certificat délivré par la commission spéciale de réforme.
Petit-fils puîné d'un grand-père aveugle ou entré dans sa soixante et dixième année (lorsque l'aîné des petits-fils est lui-même aveugle ou impotent).........	Certificat modèle S. Acte de mariage des aïeuls. Acte de mariage des père et mère. Actes de décès des père et mère. Acte de naissance de l'aïeul. Certificat délivré par la commission spéciale de réforme.
Puîné d'une famille de sept enfants au moins (lorsque l'aîné des fils est aveugle ou impotent).............	Certificat modèle T. Acte de mariage des père et mère. Actes de naissance des enfants. Certificats de vie des membres de la famille. Certificat délivré par la commission spéciale de réforme.
§ 4 DE L'ARTICLE 21 Aîné de deux frères inscrits la même année sur les listes de recrutement cantonal..	Certificat modèle U. Acte de mariage des père et mère. Actes de naissance des deux frères. Certificat du commandant de recrutement indiquant la décision rendue par le conseil de revision à l'égard du plus jeune des deux frères.

INDICATION DES SITUATIONS PRÉVUES PAR L'ARTICLE 21 DE LA LOI DU 15 JUILLET 1889.	INDICATIONS DES PIÈCES A PRODUIRE.
§ 5 DE L'ARTICLE 21 Jeune homme dont un frère sera présent sous les drapeaux, comme officier, appelé, engagé volontaire pour 3 ans, rengagé, breveté ou commissionné après avoir accompli 3 ans de service, inscrit maritime levé d'office, levé sur sa demande, maintenu ou réadmis au service, quelle que soit la classe à laquelle il appartenne, officier-marinier des équipages de la flotte...	Certificat modèle V. Acte de mariage des père et mère. Actes de naissance des deux frères. Certificat de présence. État signalétique et des services du frère. (Si le frère est inscrit maritime, on produira, au lieu du certificat précédent, un certificat du commissaire de marine, modèle X).
§ 6 ET DERNIER DE L'ART. 21 Frère d'un militaire mort en activité de service, ou réformé, ou admis à la retraite pour blessures reçues dans un service commandé, ou infirmités contractées dans les armées de terre et de mer.......	Certificat modèle Y. Acte de mariage des père et mère. Actes de naissance des deux frères. (Le décès, les blessures, la réforme ou l'admission à la retraite du frère seront justifiés par l'acte de décès, ou le congé de réforme, ou le titre, ou la copie certifiée du titre de pension de ce frère, ou par tout autre document authentique).
Jeune homme fixé hors d'Europe avant l'âge de 19 ans.	Acte de naissance du jeune homme. Certificat modèle Z du consul de France légalisé par le ministre des affaires étrangères.

Pour les pièces à fournir par les jeunes gens qui sollicitent la dispense en vertu des articles 22 et 23, voir notre traité *Les Écoles françaises* ou notre *Guide pratique de l'administration française*.

ANNEXES

DISPOSITIONS DIVERSES RELATIVES A LA NATURALISATION, AU SÉJOUR DES FRANÇAIS A L'ÉTRANGER ET AU SÉJOUR DES ÉTRANGERS EN FRANCE, ABROGÉES PAR LA LOI DU 26 JUIN 1889, MAIS UTILES A CONSULTER.

---

6 AVRIL 1809

Décret relatif aux Français qui auront porté les armes contre la France, et aux Français qui, rappelés de l'étranger, ne rentreront pas en France (B. des L., 4ᵉ sér., n° 4296).

TITRE PREMIER. — DES FRANÇAIS QUI AURONT PORTÉ LES ARMES CONTRE LA FRANCE.

Art. 1ᵉʳ. Tous les Français qui, ayant porté les armes contre nous depuis le 1ᵉʳ septembre 1804, ou qui, les portant à l'avenir, auront encouru la peine de mort, conformément à l'art. 3 de la section Iʳᵉ du titre Iᵉʳ de la deuxième partie du Code pénal du 6 octobre 1791, seront justiciables des cours spéciales. — Pourront néanmoins, ceux qui seront pris les armes à la main, être traduits à des commissions militaires, si le commandant de nos troupes le juge convenable.

2. Seront considérés comme ayant porté les armes contre nous, tous ceux qui auront servi dans les armées d'une nation qui était en guerre contre la France; ceux qui seront pris sur les frontières, ou en pays ennemi, porteurs de congés des commandants militaires ennemis; ceux qui, se trouvant au service militaire d'une puissance étrangère, ne l'ont pas quitté ou ne le quitteront pas pour rentrer en France aux premières hostilités survenues entre la France et la puissance qu'ils ont servie ou qu'ils servent; ceux enfin qui, ayant pris du service militaire à l'étranger, rappelés en France par un décret publié dans les formes prescrites pour la

publication des lois, ne rentreront pas conformément audit décret, dans le cas toutefois où, depuis la publication, la guerre aurait éclaté entre les deux puissances.

3. Les dispositions des deux articles précédents sont applicables même à ceux qui auraient obtenu des lettres de naturalisation d'un gouvernement étranger.

4. Nos procureurs généraux des cours spéciales des départements dans lesquels sont domiciliés les Français désignés aux articles précédents, seront tenus, sur la dénonciation qui leur en sera faite, et même d'office, de dresser contre eux une plainte, et de requérir qu'il soit informé des faits qui y seront portés. Il sera procédé à l'instruction et au jugement suivant les dispositions des lois criminelles et celles du présent décret.

5. Notre procureur général de la cour spéciale de Paris sera pareillement tenu de rendre plainte, sur la dénonciation à lui faite, ou même d'office, contre les Français qui, n'ayant pas de domicile en France depuis dix ans, seraient dans un des cas prévus par les trois premiers articles du présent décret.

TITRE II. — DU DEVOIR DES FRANÇAIS QUI SONT CHEZ UNE NATION ÉTRANGÈRE, LORSQUE LA GUERRE ÉCLATE ENTRE LA FRANCE ET CETTE NATION.

§ 1er. — *Des Français au service militaire chez l'étranger.*

6. Les Français qui sont au service militaire d'une puissance étrangère, avec ou sans autorisation, et qui n'auraient pas porté les armes contre nous depuis le 1er septembre 1801, sont tenus de le quitter du moment où les hostilités commencent entre cette puissance et la France, de rentrer en France, et d'y justifier de leur retour dans le délai de trois mois, à compter du jour des premières hostilités.

7. Ils seront tenus de se présenter devant nos procureurs impériaux des tribunaux de première instance au lieu de leur domicile, dans le délai fixé par l'article précédent, et d'y requérir acte de leur présence, lequel acte sera transcrit au greffe.

8. Ceux desdits Français qui n'auraient plus de domicile en France seront tenus de se présenter devant notre procureur impérial du tribunal de première instance de Paris, pour y requérir acte de leur présence, dans le délai qui sera prescrit, lequel acte sera transcrit au greffe.

9. Ceux qui auraient un domicile en France pourront aussi se présenter, s'ils le préfèrent, à notre procureur impérial du tribunal de première instance de Paris, qui leur donnera acte de leur

ANNEXES. — DISPOSITIONS DIVERSES.

présence, et instruira de suite de cette présentation notre procureur impérial du tribunal de première instance du lieu du domicile de celui qui aura comparu ; l'acte de présence sera transcrit au greffe.

10. S'ils ne se sont pas présentés dans le susdit délai, le procureur impérial donnera son réquisitoire, à l'effet de faire ordonner la saisie de tous les biens, meubles et immeubles qu'ils possèdent, ainsi que de ceux qui pourraient leur advenir dans la suite. Le jugement qui interviendra, leur ordonnera pareillement de comparaître dans le mois devant le procureur général de la cour spéciale.

11. Nos procureurs impériaux transmettront de suite à notre procureur général de la cour spéciale de leur ressort les noms, qualités et demeures de ceux qui, domiciliés dans leur arrondissement, ne se seront pas présentés pour requérir acte de leur présence ; ils joindront copie du jugement qui aura ordonné le séquestre, avec les procès-verbaux qui en constateront l'apposition.

12. Le mois expiré sans que l'individu se soit présenté devant nos procureurs généraux, ceux-ci requerront acte de la plainte qu'ils rendront contre ceux qui seront dénoncés comme n'ayant pas obéi à l'art. 6 du présent décret et au jugement rendu en exécution de l'art. 10 ci-dessus ; ils requerront qu'il soit informé contre eux comme prévenus du crime d'avoir porté les armes contre la France.

13. Notre cour donnera acte de sa plainte au procureur général, et commettra un de ses membres pour procéder à l'audition des témoins et à l'instruction entière du procès.

14. Le juge d'instruction réunira toutes les pièces qui pourront servir à conviction, telles que lettres, contrôles des régiments, états militaires des puissances ennemies, et autres de cette nature qui lui seront remises, soit par nos ministres, soit par tous autres ; il entendra en déposition les déserteurs étrangers, les soldats français et tous autres qui pourraient lui être indiqués par notre procureur général, ou qu'il croirait devoir entendre d'office.

15. Lorsque l'instruction sera complète, elle sera communiquée à notre procureur général, qui dressera, s'il y a lieu, l'acte d'accusation : dans le cas où il sera déclaré qu'il y a lieu à accusation, notre cour décernera une ordonnance de prise de corps contre l'accusé.

16. L'acte d'accusation et l'ordonnance de prise de corps seront notifiés à l'accusé, à son dernier domicile connu ; il en sera fait une annonce dans le journal *le Moniteur*, et dans ceux de l'arrondissement et du département, s'il y en a.

17. Si l'accusé ne se présente pas dans les dix jours de la notification mentionnée en l'article précédent, le président de notre cour rendra une ordonnance portant que, si dans un nouveau délai de dix jours l'accusé ne se constitue pas, il est déclaré rebelle à l'Empereur, et qu'il sera procédé contre lui par contumace.

18. Cette ordonnance sera publiée dans les formes prescrites; et, après l'expiration du nouveau délai de dix jours, il sera procédé au jugement de la contumace, le tout conformément aux dispositions des lois sur l'instruction criminelle.

19. S'il résulte de l'instruction et de l'examen, que l'accusé n'est pas rentré en France dans le délai prescrit, et qu'il était au service militaire de l'ennemi à l'époque où les hostilités ont éclaté, nos cours appliqueront les dispositions de l'article 3, section Ire, titre Ier, de la deuxième partie du Code pénal du 6 octobre 1791, et prononceront la confiscation des biens du condamné.

§ II. — *Des Français qui occupent des emplois et exercent des fonctions politiques, administratives et judiciaires chez l'étranger.*

20. Les dispositions de l'article 6 ci-dessus sont applicables aux Français qui ont des fonctions politiques, administratives ou judiciaires chez l'étranger; ils sont tenus de rentrer en France dans les délais, et de justifier de leur rentrée dans les formes prescrites par les articles 7, 8 et 9.

21. Faute d'avoir satisfait aux dispositions de ces articles, ils seront poursuivis conformément à ce qui est prescrit par les articles 10 et suivants jusque et compris l'article 18.

22. S'il résulte de l'instruction et de l'examen, que les accusés occupaient des emplois ou exerçaient des fonctions politiques, administratives ou judiciaires à l'époque des premières hostilités, et s'ils n'ont pas justifié de leur retour en France, nos cours les déclareront morts civilement, et prononceront contre eux la confiscation de leurs biens.

TITRE III. — DES FRANÇAIS RAPPELÉS D'UN PAYS ÉTRANGER AVEC LEQUEL LA FRANCE N'EST PAS EN GUERRE.

§ Ier. — *Des Français au service militaire de l'étranger.*

23. Tous les Français au service militaire de l'étranger sont tenus de rentrer en France lorsqu'ils sont rappelés par un décret publié dans les formes prescrites pour la promulgation des lois.

24. Ils sont tenus, dans les délais fixés par le décret de rappel,

de justifier de leur retour, ainsi qu'il est dit ci-dessus, articles 7, 8 et 9.

25. Faute par eux d'avoir justifié de leur retour, ils seront poursuivis ainsi qu'il est dit aux articles 10, 11, 12, 13, 14, 15, 16, 17 et 18.

26. S'il résulte de l'instruction, que l'accusé était au service militaire de la puissance étrangère désignée dans le décret de rappel, et qu'il n'y a pas obéi, il sera, dans le cas où la guerre aurait éclaté entre la France et cette puissance, puni conformément à l'article 3, section Ire, titre Ier, 2e partie du Code pénal du 6 octobre 1791, et ses biens seront confisqués. Si la guerre n'a pas éclaté entre les deux puissances, l'accusé sera déclaré mort civilement, et ses biens seront confisqués.

§ II. — *Des Français qui exercent des fonctions politiques, administratives ou judiciaires à l'étranger.*

27. Les dispositions de l'article 6 du présent décret sont applicables aux Français qui exercent des fonctions politiques, administratives ou judiciaires chez l'étranger ; ils sont tenus de rentrer en France, et de justifier de leur retour, conformément aux dispositions des articles 7, 8 et 9 du présent décret, sous peine d'être poursuivis et mis en accusation, ainsi qu'il est expliqué aux articles 10 et suivants.

28. S'il résulte de l'instruction, que les accusés n'ont pas obéi au décret de rappel, et qu'ils exercent des emplois ou fonctions politiques, administratives ou judiciaires dans le pays duquel ils sont rappelés, nos cours les déclareront morts civilement en France, et prononceront la confiscation de tous leurs biens meubles et immeubles.

§ III. — *Des Français qui n'ont ni service militaire, ni fonctions politiques, administratives ou judiciaires chez l'étranger.*

29. Les dispositions des deux articles précédents ne seront applicables aux Français qui n'ont pas de service militaire chez l'étranger, ou qui n'y exercent aucune fonction politique, administrative ou judiciaire, qu'autant qu'ils auront été nominativement rappelés par un décret publié dans la forme prescrite pour la promulgation des lois. — Dans ce cas, ils sont tenus de se présenter dans les délais et dans la forme ci-dessus prescrits, sous les peines exprimées en l'article 26.

30. Les Français mentionnés en l'article précédent et en l'article 28 ci-dessus, seront admis à se représenter et à purger leur con-

tumaco dans les cinq ans, lesquels ne commenceront à courir que du jour de la publication de la paix.

26 AOUT 1811

Décret concernant les Français naturalisés en pays étrangers avec ou sans autorisation, et ceux qui sont déjà entrés ou qui voudraient entrer à l'avenir au service d'une puissance étrangère (B. des L., 4ᵉ sér., n° 7186).

TITRE PREMIER. — DES FRANÇAIS NATURALISÉS EN PAYS ÉTRANGER AVEC NOTRE AUTORISATION.

Art. 1ᵉʳ. Aucun Français ne peut être naturalisé en pays étranger sans notre autorisation.

2. Notre autorisation sera accordée par des lettres patentes dressées par notre grand-juge, signées de notre main, contre-signées par notre ministre secrétaire d'État, visées par notre cousin le prince archichancelier, insérées au Bulletin des lois et enregistrées en la cour impériale du dernier domicile de celui qu'elles concernent.

3. Les Français naturalisés ainsi en pays étranger, jouiront du droit de posséder, de transmettre des propriétés et de succéder, quand même les sujets du pays où ils seront naturalisés ne jouiraient pas de ces droits en France.

4. Les enfants d'un Français naturalisé en pays étranger, et qui sont nés dans ce pays, sont étrangers. — Ils pourront recouvrer la qualité de Français en remplissant les formalités prescrites par les art. 9 et 10 du Code civil. — Néanmoins, ils recueilleront les successions et exerceront tous les droits qui seront ouverts à leur profit pendant leur minorité, et dans les dix ans qui suivront leur majorité accomplie.

5. Les Français naturalisés en pays étranger, même avec notre autorisation, ne pourront jamais porter les armes contre la France, sous peine d'être traduits devant nos cours et condamnés aux peines portées au Code pénal, livre III, articles 75 et suivants.

TITRE II. — DES FRANÇAIS NATURALISÉS EN PAYS ÉTRANGER SANS NOTRE AUTORISATION.

6. Tout Français naturalisé en pays étranger sans notre autorisation, encourra la perte de ses biens, qui seront confisqués; il n'aura plus le droit de succéder; et toutes les successions qui

viendront à lui échoir, passeront à celui qui est appelé après lui à les recueillir, pourvu qu'il soit regnicole.

7. Il sera constaté par-devant la cour du dernier domicile du prévenu, à la diligence de notre procureur général, ou sur la requête de la partie civile intéressée, que l'individu s'étant fait naturaliser en pays étranger, sans notre autorisation, a perdu ses droits civils en France; et, en conséquence, la succession ouverte à son profit sera adjugée à qui de droit.

8. Les individus dont la naturalisation en pays étranger, sans notre autorisation, aurait été constatée, ainsi qu'il est dit en l'article précédent, et qui auraient reçu distinctement, ou par transmission, des titres institués par le sénatus-consulte du 14 août 1806, en seront déchus.

9. Ces titres et les biens y attachés seront dévolus à la personne restée Française, appelée selon les lois, sauf les droits de la femme qui seront réglés comme en cas de viduité.

10. Si les individus mentionnés en l'article 8 avaient reçu l'un de nos ordres, ils seront biffés des registres et états, et défenses leur seront faites d'en porter la décoration.

11. Ceux qui étaient naturalisés en pays étranger, et contre lesquels il aura été procédé comme il est dit aux articles 6 et 7 ci-dessus, s'ils sont trouvés sur le territoire de l'Empire, seront, pour la première fois, arrêtés et reconduits au delà des frontières : en cas de récidive, ils seront poursuivis devant nos cours, et condamnés à être détenus pendant un temps qui ne pourra être moindre d'une année, ni excéder dix ans.

12. Ils ne pourront être relevés des déchéances et affranchis des peines ci-dessus que par des lettres de relief accordées par nous en conseil privé, comme les lettres de grâce.

13. Tout individu naturalisé en pays étranger sans notre autorisation, qui porterait les armes contre la France, sera puni conformément à l'article 75 du Code pénal.

TITRE III. — DES INDIVIDUS DÉJÀ NATURALISÉS EN PAYS ÉTRANGER.

14. Les individus qui se trouveraient naturalisés en pays étranger lors de la publication du présent décret, pourront, dans le délai d'un an s'ils sont sur le continent européen, de trois ans s'ils sont hors de ce continent, de cinq ans s'ils sont au delà du cap de Bonne-Espérance et aux Indes orientales, obtenir notre autorisation dans les délais et selon les formes portées au présent décret.

15. Ils ne pourront être relevés du retard que par des lettres

de relief de déchéance, accordées sur la proposition de l'un de nos ministres, et délivrées par notre grand-juge, ainsi qu'il est dit à l'article 12 ci-dessus.

16. Le délai passé, et s'ils n'ont pas obtenu des lettres de relief, les dispositions générales du présent décret leur seront applicables.

TITRE IV. — DES FRANÇAIS AU SERVICE D'UNE PUISSANCE ÉTRANGÈRE.

17. Aucun Français ne pourra entrer au service d'une puissance étrangère sans notre autorisation spéciale, et sous la condition de revenir, si nous le rappelons, soit par une disposition générale, soit par un ordre direct.

18. Ceux de nos sujets qui auront obtenu cette autorisation ne pourront prêter serment à la puissance chez laquelle ils serviront, que sous la réserve de ne jamais porter les armes contre la France, et de quitter le service même sans être rappelés, si le prince venait à être en guerre contre nous ; à défaut de quoi, ils seront soumis à toutes les peines portées par le décret du 6 avril 1809.

19. L'autorisation de passer au service d'une puissance étrangère leur sera accordée par des lettres patentes délivrées dans les formes prescrites à l'article 2 ci-dessus.

20. Ils ne pourront servir comme ministres plénipotentiaires dans aucun traité où nos intérêts pourraient être débattus.

21. Ils ne pourront entrer en France qu'avec notre permission spéciale.

22. Ils ne pourront se montrer dans les pays soumis à notre obéissance avec la cocarde étrangère et revêtus de l'uniforme étranger ; ils seront autorisés à porter les couleurs nationales quand ils seront dans l'Empire.

23. Ils pourront néanmoins porter les décorations des ordres étrangers, lorsqu'ils les auront reçus avec notre autorisation.

24. Les Français au service d'une puissance étrangère ne pourront jamais être accrédités comme ambassadeurs, ministres ou envoyés près de notre personne, ni reçus comme chargés de missions d'apparat qui les mettraient dans le cas de paraître devant nous avec leur costume étranger.

25. Tout Français qui entre au service d'une puissance étrangère sans notre permission, est par cela seul censé naturalisé en pays étranger sans notre autorisation, et sera par conséquent traité conformément aux dispositions du titre II du présent décret ; et s'il reste au service étranger en temps de guerre, il sera soumis aux peines portées par le décret du 6 avril 1809.

26. L'article 14 est applicable aux Français qui seraient au service étranger sans être munis de lettres patentes.

27. Notre décret du 6 avril 1809 continuera à être exécuté pour tous les articles qui ne sont ni abrogés ni modifiés par les dispositions du présent décret, et notamment à l'égard des Français qui, étant entrés sans notre autorisation au service d'une puissance étrangère, y sont demeurés après la guerre déclarée entre la France et cette puissance. — Ils seront considérés comme ayant porté les armes contre nous, par cela seul qu'ils auront continué à faire partie d'un corps militaire destiné à agir contre la France ou ses alliés.

21 JANVIER 1812

Avis Cons. d'Ét. portant solution de diverses questions relatives aux Français naturalisés étrangers, ou servant en pays étranger (B. des L., 4e sér., n° 7602).

Le Conseil d'État, qui, d'après le renvoi ordonné par Sa Majesté, a entendu le rapport de la section de législation sur celui du grand-juge ministre de la justice, présentant les questions suivantes : — 1° Les Français qui, avant la publication du décret du 26 août 1811, avaient obtenu de Sa Majesté la permission d'entrer au service d'un prince étranger, sont-ils tenus de demander des lettres patentes comme ceux qui n'ont point encore obtenu cette permission? — 2° L'obligation d'obtenir des lettres patentes de Sa Majesté pour pouvoir demeurer sujet d'un prince étranger, est-elle commune aux descendants des religionnaires fugitifs par suite de la révocation de l'édit de Nantes? — 3° Un Français sera-t-il censé naturalisé sujet d'un prince étranger par cela seul que ce prince lui aurait conféré un titre héréditaire? — 4° Les Français qui, avec la permission de Sa Majesté, sont au service d'un prince étranger, peuvent-ils accepter les titres que ce prince juge à propos de leur conférer en récompense de leurs services? — 5° Quels sont les différents services qu'un Français ne peut faire à l'étranger sans en avoir obtenu l'autorisation par lettres patentes? — 6° En d'autres termes, le décret du 26 août comprend-il non seulement le service militaire et les fonctions diplomatiques, administratives et judiciaires, mais encore le service d'honneur dans la maison du prince? — Les secrétaires généraux sont-ils fonctionnaires administratifs? — Le décret comprend-il même le travail des commis de bureau qui ne sont point à la nomination du gouvernement? — 6° Les sujets des pays réunis à la France, qui, dès avant la réunion, étaient entrés au service d'un prince étranger, sont-ils tenus, pour continuer ce service, d'obtenir des lettres patentes? — 7° Les lettres patentes doivent-elles être demandées individuellement, ou peuvent-elles l'être par un état général des Français que le prince étranger voudrait garder à son service? — 8° Les Français, et notamment les sujets des pays réunis, qui sont ou qui entreraient au service d'un prince étranger, ne pourront-ils, sans une permission spéciale de Sa Majesté, venir visiter leurs possessions ou suivre leurs affaires en France? — 9° La permission spéciale de Sa Majesté pour pouvoir rentrer en France sera-t-elle nécessaire, même à ceux qui auront quitter le service étranger? — 10° La défense de se montrer dans des pays soumis à la domination de Sa Majesté avec la cocarde étrangère et un uniforme étranger, s'applique-t-elle au cas où des Français, employés comme officiers dans les troupes d'un prince étranger, traverseraient la France ou y seraient stationnés avec leur corps? — 11° Un Français ne peut-il également se montrer en France revêtu d'un costume étranger quelconque? — Si un prince étranger vient en France, et qu'un officier nécessaire auprès de sa personne soit Français, cet officier pourra-t-il faire son service avec le costume qui y est affecté? — Est d'avis, — *Sur la 1re question*, qu'aucune permission accordée à un Français, soit pour se faire naturaliser, soit pour prendre du service à l'étranger, n'est valable, si elle n'est accordée dans les formes prescrites par l'art. 2 du décret du 26 août 1811; qu'ainsi, tout Français qui, avant la publication dudit décret, aurait pris du service d'une puissance étrangère, même avec la permission de Sa Majesté, est tenu, s'il ne veut encourir les peines portées au titre II de ce décret, de se munir de lettres patentes, conformément aux dispositions de l'art. 2 et dans les délais prescrits par l'art. 14 du même décret; — *Sur la 2e question*, que les dispositions des décrets des 6 avril 1809 et 26 août 1811 ne sont point applicables aux descendants des religionnaires fugitifs qui n'ont point usé du droit qui leur était accordé par l'art. 22 de la loi du 9-15 décembre 1790; — *Sur les 3e et 4e questions*, que tout Français qui, étant, même avec la permission de Sa Majesté, au service d'une puissance étrangère, accepte de cette puissance un titre héréditaire, est, par cette acceptation seule, censé naturalisé en pays étranger; et que, si ladite acceptation a eu lieu sans autorisation de Sa Majesté, il doit être traité selon le titre II du décret du 26 août 1811; — *Sur la 5e question*, qu'aucun service, soit près de la personne, soit près d'un des membres de la famille d'un prince étranger, de même qu'aucune fonction dans une administration publique étrangère, ne peuvent être acceptés par un Français, sans une autorisation de Sa Majesté; — *Sur la 6e question*, que tout sujet d'un pays réuni à la France, qui, même avant la réunion, serait entré au service d'une puissance étrangère, est tenu de se pourvoir de lettres patentes, ainsi qu'il est dit sur la première question; à moins qu'avant la même réunion, il n'eût été naturalisé chez cette puissance; — *Sur la 7e question*, que tout Français qui désire obtenir l'autorisation, soit de se faire naturaliser, soit de prendre du service à l'étranger, doit en adresser personnellement la demande au grand-juge ministre de la justice, pour être ladite demande soumise, par ce dernier, à Sa Majesté; — *Sur les 8e et 9e questions*, qu'aucun Français, ni aucun sujet des pays réunis, qui est ou entrera au service d'une puissance étrangère, ne pourra, pour quelque cause que ce soit, venir en France qu'avec une permission spéciale de Sa Majesté, laquelle sera nécessaire à ceux même d'entre eux qui auront quitté le service étranger; que la demande de cette permission devra être adressée au grand-juge; — *Sur les 10e et 11e questions*, qu'un Français, servant avec autorisation dans les troupes d'une puissance étrangère, doit, lorsque son corps est appelé par Sa Majesté à traverser la France ou à y stationner, conserver la cocarde et l'uniforme de ce corps tant qu'il y est présent; que, hors ce seul cas, aucun Français ne peut porter en France ni cocarde étrangère, ni uniforme, ni costume étranger, quand même le prince au service personnel duquel il est attaché se trouverait en France.

22 MAI 1812

Avis Cons. d'Ét. portant que le Décret du 26 août 1811, concernant les Français naturalisés en pays étranger, avec ou sans autorisation de l'Empereur, n'est point applicable aux femmes (B. des L., 4e sér., n° 7994).

Le Conseil d'État est d'avis que le décret du 26 août 1811 n'est point applicable aux femmes.

19 FÉVRIER 1808

Sénatus-Consulte organique sur l'admissibilité des étrangers aux droits de citoyen français (B. des L., 4e sér., n° 3064).

ART. 1er. Les étrangers qui rendront ou qui auraient rendu des services importants à l'État, ou qui apporteront dans son sein des talents, des inventions ou une industrie utiles, ou qui formeront de grands établissements, pourront, après un an de domicile, être admis à jouir du droit de citoyen français.

2. Ce droit leur sera conféré par un décret spécial, rendu sur le rapport d'un ministre, le conseil d'État entendu.

3. Il sera délivré à l'impétrant une expédition dudit décret, visée par le grand-juge ministre de la justice.

4. L'impétrant, muni de cette expédition, se présentera devant la municipalité de son domicile, pour y prêter le serment d'obéissance aux constitutions de l'Empire et de la fidélité à l'Empereur. Il sera tenu registre et dressé procès-verbal de cette prestation de serment.

22 MARS 1849

Loi qui modifie l'art. 9 du Code civil (B. des L., 10e sér., n° 1211)

ART. UNIQUE. L'individu né en France d'un étranger sera admis, même après l'année qui suivra l'époque de sa majorité, à faire la déclaration prescrite par l'article 9 du Code civil, s'il se trouve dans l'une des deux conditions suivantes : — 1° S'il sert ou s'il a servi dans les armées françaises de terre ou de mer; — 2° S'il a satisfait à la loi du recrutement sans exciper de son extranéité.

7 FÉVRIER 1851

Loi concernant les individus nés en France d'étrangers qui, eux-mêmes, y sont nés, et les enfants des étrangers naturalisés (B. des L., 10e sér., n° 2730).

ART. 1er. Est Français tout individu né en France d'un étranger qui lui-même y est né, à moins que, dans l'année qui suivra l'époque de sa majorité, telle qu'elle est fixée par la loi française, il ne réclame la qualité d'étranger par une déclaration faite, soit devant l'autorité municipale du lieu de sa résidence, soit devant les agents diplomatiques ou consulaires accrédités en France par le gouvernement étranger (Abrogé par la loi du 26 juin 1889).

2. L'article 9 du Code civil est applicable aux enfants de l'étranger naturalisé, quoique nés en pays étranger, s'ils étaient mineurs lors de la naturalisation. — A l'égard des enfants nés en France ou à l'étranger, qui étaient majeurs à cette même époque, l'article 9 du Code civil leur est applicable dans l'année qui suivra celle de ladite naturalisation.

LOI DU 3 DÉCEMBRE 1849. — *Loi sur la naturalisation et le séjour des étrangers en France (B. des L., sér. n° 1814).*

ART. 1er. Le Président de la République statuera sur les demandes de naturalisation. — La naturalisation ne pourra être accordée qu'après enquête faite par le gouvernement relativement à la moralité de l'étranger et sur l'avis favorable du conseil d'État. — L'étranger devra en outre réunir les deux conditions suivantes : — 1° D'avoir, après l'âge de vingt et un ans accomplis, obtenu l'autorisation d'établir son domicile en France, conformément à l'art. 13 du Code civil; — 2° D'avoir résidé pendant dix ans en France depuis cette autorisation. — L'étranger naturalisé ne jouira du droit d'éligibilité à l'Assemblée nationale qu'en vertu d'une loi. (Voy. inf., L. 29 juin 1867, art. 1er.)

2. Néanmoins, le délai de dix ans pourra être réduit à une année en faveur des étrangers qui auront rendu à la France des services importants, ou qui auront apporté en France, soit une industrie, soit des inventions utiles, soit des talents distingués, ou qui auront formé de grands établissements.

3. Tant que la naturalisation n'aura pas été prononcée, l'autorisation accordée à l'étranger d'établir son domicile en France pourra toujours être révoquée ou modifiée par décision du gouvernement, qui devra prendre l'avis du conseil d'État.

4. Les dispositions de la loi du 14 octobre 1814, concernant les départements réunis à la France, ne pourront plus être appliquées à l'avenir.

5. Les dispositions qui précèdent ne portent aucune atteinte au droit d'éligibilité à l'Assemblée nationale acquis aux étrangers naturalisés avant la promulgation de la présente loi (Abrogé par la loi du 29 juin 1867).

6. L'étranger qui aura fait, avant la promulgation de la présente loi, la déclaration prescrite par l'article 3 de la Constitution de l'an VIII, pourra, après une résidence de dix années, obtenir la naturalisation suivant la forme indiquée par l'art. 1er, 7 à 9. (Voy. inf., V° Séjour.)

Loi du 29 juin 1867 *relative à la naturalisation.*

Art. 1er. L'étranger qui après l'âge de vingt et un ans accomplis, a, conformément à l'article 13 du code Napoléon, obtenu l'autorisation d'établir son domicile en France, et y a résidé pendant trois années, peut être admis à jouir de tous les droits de citoyen français. — Les trois années courront à partir du jour où la demande d'autorisation aura été enregistrée au ministère de la justice. Est assimilé à la résidence en France le séjour en pays étranger pour l'exercice d'une fonction conférée par le gouvernement français. — Il est statué sur la demande en naturalisation, après enquête sur la moralité de l'étranger, par un décret de l'Empereur, rendu sur le rapport du ministre de la justice, le conseil d'État entendu.

2. Le délai de trois ans, fixé par l'article précédent, pourra être réduit à une seule année en faveur des étrangers qui auront rendu à la France des services importants, qui auront introduit en France soit une industrie, soit des inventions utiles, qui y auront apporté des talents distingués, qui y auront formé de grands établissements ou créé de grandes exploitations agricoles.

Décret-Loi du 12 septembre 1870, *qui autorise provisoirement le ministre de la justice à statuer sans prendre l'avis du conseil d'État, sur les demandes de naturalisation formées par les étrangers qui ont obtenu l'autorisation d'établir leur domicile en France (B. des L., 12e sér., n° 51).*

Art. 1er. Le ministre de la justice est provisoirement autorisé à statuer, sans prendre l'avis du conseil d'État, sur les demandes de naturalisation formées par les étrangers qui ont obtenu l'autorisation d'établir leur domicile en France, conformément aux dispositions de l'article 13 du Code civil ou qui auront fait antérieurement à la promulgation de la loi du 3 décembre 1849, la déclaration prescrite par l'article 3 de la Constitution de l'an VIII.

2. Les dispositions des lois du 3 décembre 1849 et du 29 juin 1867 sont maintenues en tout ce qui n'est pas contraire au présent décret.

3. Le payement des droits établis dans l'intérêt du Trésor national, par l'ordonnance du 8 octobre 1814 et par la loi du 28 avril 1816, continuera d'être opéré. — Est également maintenue la disposition de l'ordonnance du 8 octobre 1814, qui autorise à remettre lesdits droits en tout ou en partie.

Décret-Loi du 26 octobre 1870 *relatif à la naturalisation des étrangers qui auront pris part à la guerre de 1870 pour la défense de la France (B. des L., 11e sér., n° 116).*

Art. 1er. Le délai d'un an exigé par l'article 2 de la loi du 3 décembre 1849, modifié par loi du 29 juin 1867, pour la naturalisation exceptionnelle, ne sera pas imposé aux étrangers qui auront pris part à la guerre actuelle pour la défense de la France. En conséquence, ces étrangers peuvent être naturalisés aussitôt après leur admission à domicile, sauf l'enquête prescrite par la loi.

2. Les demandes d'admission à domicile ou de naturalisation, formées par les étrangers qui se trouvent dans ce cas, sont dispensées de tout frais.

3. Les dispositions qui précèdent ne seront applicables qu'aux demandes formées avant l'expiration des deux mois qui suivront la cessation de la guerre.

Décret-Loi du 19 novembre 1870 *réglementaire de la délégation du Gouvernement de la défense nationale, hors Paris, sur les conditions de la naturalisation exceptionnelle* (B. des L., 12ᵉ sér., n° 236).

Art. 1ᵉʳ. Sera considéré comme ayant pris part à la guerre, tout étranger qui se sera engagé au service militaire ou maritime, ou aura obtenu un grade ou brevet dans l'armée auxiliaire ou une légion étrangère, ou qui aura rempli une mission conférée par le Gouvernement de la République, soit aux armées, soit dans un service public assimilé au service militaire, ou qui aura accepté, ou rempli une mission conférée par l'autorité compétente pour l'armement ou la fabrication des armes et munitions, ou pour les hôpitaux militaires et les soins aux blessés en dehors du lieu de son domicile, ou pour forcer des blocus ou investissements, ou pour d'autres actes ou faits utiles aux armées françaises autorisés et convenus avec l'autorité et constituant une action personnelle et directe, à l'exclusion d'une simple coopération pécuniaire.

2. Si l'étranger a déjà été admis à domicile, la naturalisation pourra être prononcée aussitôt après la clôture de l'enquête ordinaire où il aura été justifié de l'accomplissement des conditions spéciales spécifiées dans l'art. 1ᵉʳ.

3. Si l'admission à domicile n'a pas encore été accordée, une seule enquête suffira pour prononcer simultanément et par une même décision, l'admission à domicile et l'admission à la jouissance des droits de citoyen français.

4. Seront considérées comme formées dans le délai de deux mois, imparti par l'art. 3 du décret du 26 octobre, les demandes enregistrées, soit au ministère de la justice, soit à la préfecture du département où réside l'étranger et qui auront ainsi acquis une date certaine.

5. La dispense de tout frais accordée par l'art. 2 du décret s'entend de tous droits de chancellerie et autres perçus au profit de l'État et des droits de sceau, mais non des droits dus à des communes ou à des officiers publics pour délivrance des pièces justificatives ordinaires. (Voy. inf., p. 813, L., 7 juillet 1880.)

Loi du 16 décembre 1871, *qui modifie la loi du 7 février 1851, concernant les individus nés en France d'étrangers qui eux-mêmes y sont nés* (B. des L., 12e sér., no 3703, J. O., 29 déc.).

Art. 1er. L'article 1er de la loi du 7 février 1851 est ainsi modifié : Est Français, tout individu né en France d'un étranger qui lui-même y est né, à moins que, dans l'année qui suivra l'époque de sa majorité, telle qu'elle est fixée par la loi française, il ne réclame la qualité d'étranger par une déclaration faite, soit devant l'autorité municipale du lieu de sa résidence, soit devant les agents diplomatiques et consulaires de France à l'étranger et qu'il ne justifie avoir conservé sa nationalité d'origine par une attestation en due forme de son gouvernement, laquelle demeurera annexée à la déclaration. Cette déclaration pourra être faite par procuration spéciale et authentique.

2. Les jeunes gens auxquels s'applique l'article précédent peuvent, soit s'engager volontairement dans les armées de terre et de mer, soit contracter l'engagement conditionnel d'un an (1), conformément à la loi du 27 juillet 1872, titre IV, troisième section, soit entrer dans les écoles du Gouvernement, à l'âge fixé par les lois et les règlements, en déclarant qu'ils renoncent à réclamer la qualité d'étranger dans l'année qui suivra leur majorité.

Cette déclaration ne peut être faite sans le consentement exprès et spécial du père, ou, à défaut du père, de la mère, ou, à défaut de père et de mère, qu'avec l'autorisation du conseil de famille. Elle ne doit être reçue qu'après les examens d'admission, et s'ils sont favorables.

Loi du 28 juin 1883 *relative aux enfants mineurs nés en France d'une femme française mariée avec un étranger.*

Article unique. Pourront, à l'âge fixé par les lois et règlements, s'engager dans l'armée de terre et de mer, contracter l'engagement volontaire d'un an (1), se présenter aux écoles du gouvernement, les enfants mineurs, nés en France, d'une femme française mariée avec un étranger, lorsqu'elle recouvre la qualité de Française conformément à l'article 19 du Code civil. Auront les mêmes droits les mineurs, orphelins de père et de mère, nés en France d'une femme française mariée avec un étranger. Lesdits mineurs pourront, dans les cas prévus par les deux paragraphes précédents, s'engager, concourir pour les écoles et opter pour la

---

(1) Le volontariat d'un an a été supprimé par la loi du 15 juillet 1889.

ANNEXES. — DISPOSITIONS DIVERSES. 317

nationalité française aux conditions et suivant les formes déterminées par la loi du 11 février 1882.

Loi du 14 juillet 1865. *Sénatus-consulte sur l'état des personnes et la naturalisation en Algérie.* (B. des L., 11ᵉ sér., n° 13501.) EN VIGUEUR.

Art. 1ᵉʳ. L'indigène musulman est Français; néanmoins il continuera à être régi par la loi musulmane. — Il peut être admis à servir dans les armées de terre et de mer. Il peut être appelé à des fonctions et emplois civils en Algérie. — Il peut, sur sa demande, être admis à jouir des droits de citoyen français; dans ce cas il est régi par les lois civiles et politiques de la France.

2. L'indigène israélite est Français; néanmoins il continue à être régi par son statut personnel. — Il peut être admis à servir dans les armées de terre et de mer. Il peut être appelé à des fonctions et emplois civils en Algérie. — Il peut, sur sa demande, être admis à jouir des droits de citoyen français; dans ce cas il est régi par la loi française.

3. L'étranger qui justifie de trois années de résidence en Algérie, peut être admis à jouir de tous les droits de citoyen français.

4. La qualité de citoyen français ne peut être obtenue, conformément aux articles 1, 2 et 3 du présent sénatus-consulte, qu'à l'âge de vingt et un ans accomplis; elle est conférée par décret Impérial rendu en Conseil d'État.

5. Un règlement d'administration publique déterminera : 1° Les conditions d'admission, de service et d'avancement des indigènes musulmans et des indigènes israélites dans les armées de terre et de mer; 2° les fonctions et emplois civils auxquels les indigènes musulmans et les indigènes israélites peuvent être nommés en Algérie; 3° les formes dans lesquelles seront instruites les demandes prévues par les articles 1, 2 et 3 du présent sénatus-consulte.

TABLE ANALYTIQUE DES MATIÈRES

LÉGISLATION SUR LE SÉJOUR DES ÉTRANGERS EN FRANCE.

Étrangers résidant en France pour leur agrément.

Décret du 2 octobre 1888 relatif à la déclaration de résidence.	30
Décret du 21 juin 1890 rendant ce décret applicable à l'Algérie.	41
Commentaire du décret du 2 octobre 1888.	32
Circ. Int. du 21 octobre 1889 au sujet des déclarations renouvelées.	49

Étrangers exerçant en France une profession, un commerce ou une industrie.

Loi du 8 août 1893 sur le séjour des étrangers et la protection du travail national.	51
Loi du 13 brumaire an VII, 28 avril 1816 (droits de timbre).	86
Loi du 3 décembre 1849, art. 7 et 8 (expulsion des étrangers).	39
Commentaire de la loi du 8 août 1893.	53
Décret du 12 juillet 1807 (expédition d'actes de l'état civil).	86
Décret du 7 février 1894 rendant la loi de 1893 applicable à l'Algérie.	79
Arrêté : Min. Int. du 13 août 1893 (immatriculation des étrangers).	61
Circ. Int. des 2 septembre, 21 octobre 1893 sur l'application de la loi de 1893.	99

LÉGISLATION SUR LA NATIONALITÉ FRANÇAISE.

Loi du 26 juin 1889 sur la nationalité.	111
Loi du 22 juillet 1893 modifiant les art. 8 et 9 de la loi de 1889.	122
Décret du 13 août 1889 sur l'application de la loi sur la nationalité.	119
Sénatus-consulte du 14 juillet 1865 au sujet des Musulmans et Israélites algériens.	161-317
Circ. Just. du 23 août sur l'application de la loi du 26 juin 1889.	202
Circ. Just. du 28 août 1893 sur l'application de la loi du 22 juillet 1893.	202
Circ. Aff. Étrang. 1er mars 1890 relative aux attributions des agents diplomatiques et consulaires français à l'étranger en matière de nationalité.	231
Convention Franco-Suisse du 23 juillet 1879 concernant les sujets des deux nations.	168
Circ. Int. du 24 mars 1881 relative à l'application de cette convention.	170

TABLE ANALYTIQUE DES MATIÈRES.

Avis du Conseil d'État sur l'attestation de nationalité, certificat militaire, etc.................................. 211

Législation sur les obligations militaires des naturalisés et réintégrés.

Loi du 15 juillet 1889, art. 11, 12 et 35.................. 277

Annexes.

Dispositions législatives et gouvernementales diverses antérieures aux lois des 26 juin 1889 et 22 juillet 1893 sur la nationalité française et le séjour des Français à l'étranger. 301 à 317

CHAPITRE PREMIER

De la situation légale des étrangers en France.

Considérations générales...........................	1
Classification des étrangers en admis à domicile, naturalisés, réintégrés...........................	6
Ce qu'il faut entendre par étranger................	51
Droits dont les étrangers jouissent en France et ceux dont ils sont privés...........................	6
Des actes de l'état civil des étrangers en France....	13
De l'expulsion et de l'extradition..................	17
Liste et siège des ambassades, légations et consulats des puissances étrangères en France................	20
Les étrangers peuvent-ils se constituer en associations.....	79
Droit d'aubaine et de détraction...................	9
Les étrangers peuvent-ils exercer les fonctions de tuteur...	10

CHAPITRE II

Étrangers voyageant ou résidant en France pour leur agrément.

Décret du 2 octobre 1888........................	30
Commentaire du décret...........................	32
Ce qu'il faut entendre par étranger................	51
Doivent faire leur déclaration dans les quinze jours....	33
La déclaration sera collective et gratuite...........	34
Elle sera renouvelée à chaque changement de résidence...	36-49
Récépissé en sera délivré au déclarant.............	36
Pièces d'identité à produire......................	58-80
Modèle de la déclaration de résidence..............	45
Pénalités encourues par les délinquants............	39
Les poursuites (simple police) ne peuvent être exercées qu'après un délai de quinze jours................	40
Procès-verbaux dressés contre les délinquants......	40
Le produit des amendes revient à la caisse municipale.....	40
Devoirs des maires pour l'application du décret.....	42

TABLE ANALYTIQUE DES MATIÈRES.

Devoirs des préfectures envers les maires et le ministère.... 47
Des étrangers en Algérie.. 44

Étrangers exerçant en France une profession, un commerce ou une industrie.

Loi du 8 août 1893... 51
Commentaire de la loi... 53
Ce qu'il faut entendre par étranger............................. 54
Ces étrangers sont astreints à la déclaration dans les huit jours de leur arrivée en France.............................. 55
Devront la renouveler à chaque changement de résidence.. 64
Le délai de huit jours part....................................... 72
Pour les déjà résidant le délai a expiré........................ 78
La déclaration sera individuelle.................................. 83
Les femmes, les enfants majeurs et mineurs sont astreints à la déclaration individuelle................................... 55
Les domestiques et serviteurs des ambassades et consulats sont également astreints à la déclaration.................... 57
Ouvriers étrangers habitant leur pays et venant travailler en France.. 56
Le fait d'être né en France ne dispense pas de la déclaration. 88
Pièces d'identité à produire par les étrangers............... 80
Alsaciens-Lorrains, anciens sujets sardes, etc................ 90
Missions étrangères.. 91
Réfugiés politiques... 91
Nul ne peut admettre à son service un étranger si ce dernier n'est muni d'un extrait d'immatriculation........ 67
Algérie, la loi y est exécutoire................................. 79
Hôteliers et aubergistes (Obligations des).................... 96
Ne sont pas soumis à la déclaration de résidence........... 91

Immatriculation des étrangers.

Registre d'immatriculation....................................... 61-108
Un extrait est délivré à chaque déclarant..................... 62
Il ne peut être délivré gratuitement............................ 64-87
Les droits de délivrance sont perçus par le maire........... 63
Des mesures de police pratiquées dans les divers pays..... 81

CHAPITRE III

NATIONALITÉ FRANÇAISE. NATURALISATION. RÉINTÉGRATION.
Du principe de la qualité de Français (Législation).

Loi du 26 juin 1889... 111
Loi du 22 juillet 1893... 122
Décret du 13 août 1889 sur l'application de la loi........... 119
Circ. Justice du 28 août 1893 sur l'application de la loi du 22 juillet 1893.. 202
Qui est Français... 125

Perdent la qualité de Français............................ 132
Peuvent par anticipation acquérir la qualité de Français.... 132
Français occupant une fonction à l'étranger................ 128
Français résidant dans une colonie anglaise................ 129
Des agents diplomatiques et consulaires en matière de nationalité... 230-244
Enfants adoptifs... 115
 — naturels, adultérins, incestueux..................... 116
 — de parents étrangers nés dans un hôtel d'ambassadeur français....................................... 119
Descendants des anciennes familles proscrites............. 150
Fils de femme française mariée à un étranger.............. 133
 — d'un Français qui a perdu la qualité de Français.... 134
 — de femme divorcée................................... 135
 — de naturalisé ou de réintégré....................... 140
 — majeurs de naturalisés devenus Français au point de vue militaire....................................... 141
 — d'étrangers nés sur mer à bord de navires français.. 143
 — d'agents diplomatiques et consulaires............... 126-148
Petit-fils d'un ex-Français ou d'une ex-Française.......... 134-255
Femme née Française mariée à un étranger.................. 134-142
Femme étrangère qui épouse un Français.................... 138
 — séparée de corps et de biens........................ 139
 — de naturalisé ou de réintégré....................... 140
 — née dans l'ancien comté de Nice ou de la Savoie avant l'annexion.. 150-294
Alsaciens-Lorrains... 157
Savoisiens, Monégasques.................................... 151
Individu né en France d'un père né sur un territoire aujourd'hui étranger mais alors français....................... 160
Colonies et protectorats................................... 161
Musulmans et Israélites algériens.......................... 161
Anglais, Belges, Espagnols................................. 165
Suisses.. 165
Des *juges de paix* et *maires* en matière de nationalité...... 173
Des *déclarations* en vue d'acquérir ou de décliner la qualité de Français... 175
Il en est donné récépissé au déclarant.................... 210
La déclaration n'est valable qu'après enregistrement au ministère de la Justice.................................... 177
Le refus d'enregistrement fait l'objet d'un décret......... 213
Répudiation de la qualité de Français.................... 180
Formes et conditions générales des déclarations de répudiation de la qualité de Français......................... 234
Renonciation à la faculté de répudier la qualité de Français. 234
Compétence des tribunaux civils en matière de nationalité.. 217-254-284
Compétence des préfets en matière de nationalité.......... 217

Modèles des déclarations en vue d'acquérir ou de répudier la qualité de Français.................................... 186
Modèles d'actes de soumission à l'étranger.................. 241

NATURALISATION. RÉINTÉGRATION.

De l'admission à domicile et de la validité du décret en vue de la naturalisation.. 249
Peuvent être naturalisés Français............................ 255
La naturalisation du mari ne profite pas à la femme......... 258
Des effets de la naturalisation au point de vue international. 252
Le seul fait de servir dans la légion étrangère ne confère pas la qualité de Français...................................... 255
Droits de sceau (admission à domicile, naturalisation et réintégration).. 259
Pièces à produire à l'appui des demandes d'admission à domicile, de naturalisation, de réintégration............... 256
Casier judiciaire.. 257
Certificat militaire du pays d'origine de l'étranger........ 241

CHAPITRE IV
Des obligations militaires imposées aux naturalisés et réintégrés français.

Loi du 15 juillet 1889 (art. 11 et 12)................. 277-280
Instruction générale sur la formation des classes........... 287
Doivent être inscrits sur les tableaux de recensement....... 275
Jeunes gens nés en France d'un étranger qui lui-même y est né... 277
Jeunes gens d'un père étranger domiciliés en France à leur majorité... 278
Jeunes gens visés par les art. 11 et 12 de la loi militaire.. 281
Jeunes gens nés en France d'un étranger né hors de France et qui n'y sont pas domiciliés à leur majorité............. 282
Jeunes gens dont la nationalité soulève une question judiciaire.. 281
Enfants majeurs de l'étranger naturalisé ou réintégré....... 282
— naturels... 285
Fils mineurs d'un père et d'une mère survivant qui se font naturaliser ou réintégrer Français......................... 278
Individus devenus Français par naturalisation ou réintégration... 280
Individus nés en France ou à l'étranger de parents dont l'un a perdu la qualité de Français.............................. 281
Les naturalisés et réintégrés sont admis au bénéfice de la dispense militaire (nomenclature des cas et des pièces à fournir)... 290
De la taxe militaire.. 291

1261-93. — Corbeil, Imprimerie Éd. Crété.

LIBRAIRIE GUILLAUMIN, 14, RUE DE RICHELIEU, PARIS

Guide pratique de l'Administration française. — État. — Département. — Commune. — Associations. — Nationalités. — Agriculture. — Commerce. — Industrie. — Enseignement. — Lettres. — Sciences et Arts. — Finances. — Justice. — Cultes. — Travaux. — Armée. — Marine. — Colonies. — Jurisprudence. — Politique. — Diplomatie. — Préséances, etc., par M. ANDRÉANI. 1 fort vol. in-8°. Prix.. 15 fr.

Nouveau dictionnaire d'Économie politique, publié sous la direction de M. LÉON SAY et J. CHAILLEY-BERT. 2 vol. gr. in-8 brochés.. 55 fr.
Demi-reliure veau ou chagrin........................... 64 fr.

Administration de la Ville de Paris et du département de la Seine, par MM. BLOCK et H. DE PONTICH. 1 vol. in-8... 15 fr.

Le Droit international codifié, par BLUNTSCHLI, traduit de l'allemand par C. LARDY, docteur en droit, précédé d'une biographie de l'auteur par ALPHONSE RIVIER. 5ᵉ édition. 1 vol. in-8. Prix.. 10 fr.

Le Droit public général, par le même, traduit de l'allemand et précédé d'une préface par M. ARMAND DE RIEDMATTEN. 7ᵉ édition. 1 vol. in-8. Prix... 8 fr.

Précis de droit administratif, par M. PRADIER FODÉRÉ, 7ᵉ édition. 1 vol. in-8°. Prix... 10 fr.

Histoire de l'administration en France et du progrès du pouvoir royal, depuis le règne de Philippe Auguste, jusqu'à la mort de Louis XIV, par M. G. DARESTE DE LA CHAVANE. 2 vol. in-8°. Prix.. 10 fr.

Histoire administrative. Frochot, par M. LOUIS PASSY, député. 1 vol. in-8°. Prix... 7 fr. 50

Les Bourses du travail, par M. G. DE MOLINARI, correspondant de l'Institut. 1 vol. in-18. Prix.............................. 3 fr. 50

La Morale économique, par le même. 1 vol. in-8°. Prix.... 7 fr. 50
(Fait partie de la collection des Économistes et Publicistes Contemporains)

La Société moderne. Études morales et politiques, par J.-G. COURCELLE-SENEUIL, membre de l'Institut. 1 vol. in-18. Prix.. 5 fr.
(Fait partie de la Bibliothèque des Sciences Morales et Politiques)

La Caisse nationale de Prévoyance ouvrière et l'intervention de l'État. Historique, définition et avantages du principe mutuel. — Critique du projet de la commission du travail (Rapport de M. Graeyssse) et exposé d'un projet nouveau sans charges pour le budget, par EUGÈNE ROCHETIN. 1 vol. in-18. Prix... 3 fr. 50

Traité des impôts en France considéré sur le rapport du droit de l'économie politique et de la statistique, suivi du mouvement détaillé de la dette publique depuis 1789, par M. ÉDOUARD VIGNES. 2 vol. in-8. Prix.. 16 fr.

Réformes pratiques dans le Régime des Impôts, par ÉDOUARD COHEN. 1 vol. in-18. Prix.............................. 3 fr. 50

1163-95. — CORBEIL. Imprimerie Éd. CRÉTÉ.

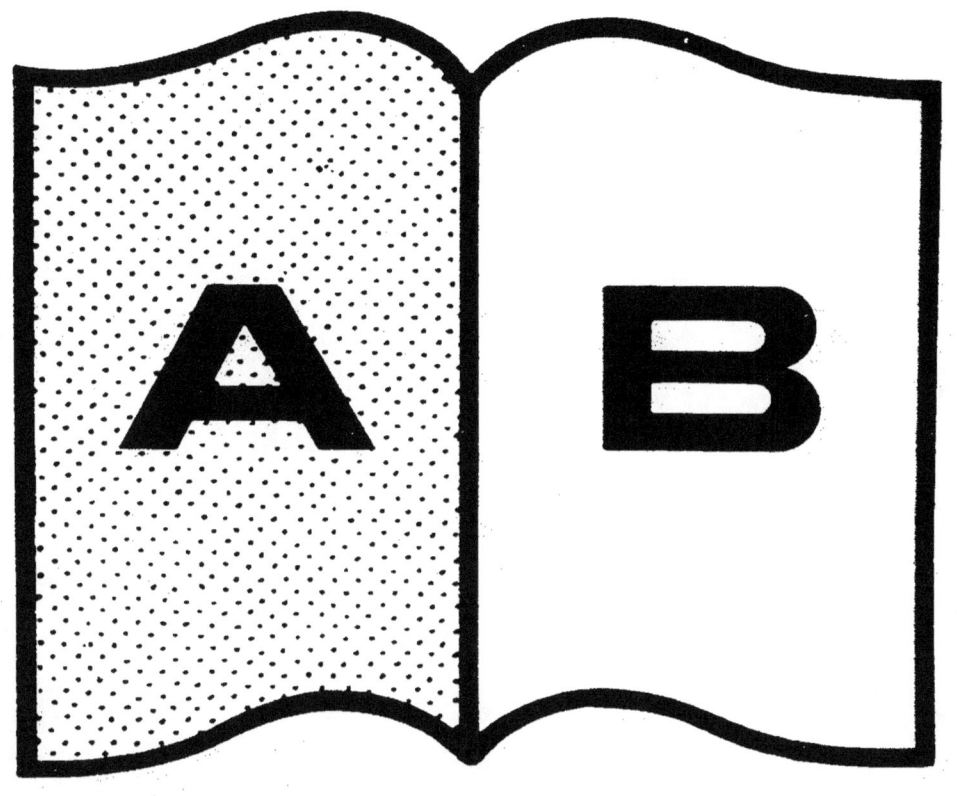

Contraste insuffisant

NF Z 43-120-14

www.ingramcontent.com/pod-product-compliance
Lightning Source LLC
Chambersburg PA
CBHW070618160426
43194CB00009B/1308